渋沢栄一に学ぶ
社会福祉事業の源流

――翔べ 伸びよ 思いの裾野を広げて

山西辰雄 著

川島書店

〈推薦の言葉〉

福祉の先達渋沢栄一と前田秀導師を偲ぶ

全国身体障害者施設協議会 顧問　徳川　輝尚

渋沢栄一は、明治維新から昭和初期にかけて活躍し、政治、経済、教育、福祉、医療、文化、外交など多くの分野に関わり、これらを融合して強い近代国家を築きました。

また、愛情深い母親に育てられた栄一は、すべての人の幸せを願い、東京養育院の院長となり、身寄りのない子ども、貧しい老人、障害のある人を救済しました。後に中央慈善協会の初代会長に就任し、近代社会福祉の草分けとなりました。

渋沢栄一の理想を受け継いだ一人が前田秀導師です。寺に生まれた前田師は、京都の仏教専門学校で学び、その後、東京に行き、中央社会事業協会が運営する社会事業研究所の研究生となりました。この協会は、かつて渋沢が会長を務めた中央慈善協会を前身とし、社会事業研究所の所長は、渋沢の孫の穂積重遠でした。前田師は、ここで渋沢の偉業に接する貴重な機会を得たと言えましょう。

前田師が東京を去る時、穂積所長は、別れの言葉として「郷土で社会事業を行うことを願う」と述べました。それは、前田師に与えられた渋沢のメッセージであったと思います。

故郷に帰った前田師は、京都府職員となって貧困者を支援しました。そして、退職後は父教導師の跡を継いで寺の住職となり、民生委員や滋賀県児童福祉司として活動しました。それは、宗教と福祉が融合し、発展していく道程の始まりでした。

昭和五十六年、前田師は重度障害者の施設「るりこう園」を設立しました。開園式に参列した私は、ここで初めて前田師に会いました。三十五年にわたる師との付き合いの始まりです。

十歳年上の前田師は、私にとっては兄のような存在でした。師の若き日の苦労話に耳を傾け、福祉について語り合いました。北海道の洞爺湖で開かれた全国大会で共に学び、一緒に温泉を楽しむなど、懐かしい思い出がよみがえってきます。

前田師は努力の人でした。意志が固く、物事に動じない強さをもつ反面、相手を受け容れ、笑顔を絶やさない温和な人でした。その広い心が、宗教と福祉を結び、地域の福祉を育てたと思います。渋沢が歩んだ「愛と融和」の実践そのものでした。

渋沢栄一の「福祉の源流」を受け継いだ前田秀導師と出会い、人生を学び、福祉に励めたことを心から感謝しています。

令和六年十月

前田秀導師

発刊にあたっての御挨拶

社会福祉法人瑠璃光会顧問　若王寺住職　前田　晃秀

この度、社会福祉法人瑠璃光会常務理事の山西辰雄師が本書を執筆されたこと、心より嬉しく思います。私こと、仏縁深く、本書で紹介されている先代第二十六世若王寺 前田秀導上人より法灯を受け継ぎ、若王寺の住職となり十一有余年が経ちました。先代の前田秀導上人御遷化は平成二十八年六月二日ですが、御遷化の一ヶ月半前には滋賀教区よりご推薦を受け総本山知恩院の御忌法要唱讃導師を拝命して檀信徒はじめ先代住職や前田家一族、約三百名が参拝させて頂き皆様と一緒に知恩院でお念仏を申す機会があった事は大変幸せであり、何事にも代え難いものであります。

また、本書の『渋沢栄一に学ぶ　社会福祉事業の源流』の中に書いてあります若王寺の水子地蔵菩薩様は、先代前田秀導の社会福祉事業に対する思いが籠っています。森大造仏師も産着をまとわせ渾身の技をこめて造立されたと、先代から聞いております。

本書の刊行にあたり、これまでの歴史において、社会福祉事業にご支援をされてまいりました数多の方々のご芳情の積み重ねに思いをいたし謝するとともに、また今後も皆さまがたに益々ご協力ご教示賜りたいと存じます。

最後になりましたが、本書執筆者 山西辰雄師には深く感謝申し上げ、ご挨拶とさせていただきます。

令和六年　一〇月

前田秀導が佛師・森大造（写真の人物）に依頼し造立した水子地蔵像。右手に薬つぼ、左手に水子を抱く姿は前田の依頼による

はじめに

渋沢栄一に学ぶ―思いきったタイトルで本著を執筆しました。

ふたつの理由があります。ひとつは、筆者を社会福祉事業従事者として育てあげてくださった前田秀導という人物が、福祉の仕事を終生のものとして始めるきっかけを明確にしたかったからです。実は、これは前田本人から託された仕事でもありました。

前田は、かつて日本が国際的に孤立していく、第二次世界大戦開戦、そして敗戦の時期に二十歳代の青春を送った人物ですが、自身の過ごしはすべてに一所懸命であった分だけ、その後にふり返りが叶わなかったからです。

「人は運否天賦（うんぷてんぷ　運をすべて天に任せること）というが、自分の若いときほど幸運に恵まれたことはないと思う」―前田は筆者によく口にしていました。しかし、そのふりかえり、なぜ・どうして…というのを詳しく知っていなかったようです。そして、その中身を知りたかったこともあるのでしょう。

筆者が大学での教育活動を終える際に前田に報告し、そろそろ同氏の青春時代の出来事を検証してみようと考えていますと伝えた時の様子は、満面の笑みと頼むぞという表情にあふれました。

前田の自宅玄関を出て、三分あまり歩き、筆者が国道一号線道路の横断橋の上まで来てみると、なんと同氏が玄関で右手を大きく振り、顔を筆者に向けておいでてでした。筆者は深々と礼を返したのを覚えています。九十四歳で逝去される約一年前の出来事です。

その前田が福祉の道を歩んだきっかけが、なんと、渋沢栄一先生が東京の養育院で本当に長らく終生まで仕事され、そこでつちかわれていた、当時の慈善事業そして社会事業の渋沢人脈、とくに渋沢後継者の人たちに、前田が囲まれ深く縁したからだというのは、同氏が社会事業を学んだ財団法人中央社会事業協会およびそこが設置する社会事業研究所の文献を読み進むことでわかってきました。このことは、本書の序章でふりかえっています。

本書のタイトルを選んだふたつめの理由は、今日でいう社会福祉事業の仕事を明治のはじめから、自らの信念にもとづいて従事していた渋沢栄一先生を筆者も高く評価してみたいと望んだからです。

というのは、「新一万円札の表徴となる渋沢栄一をわたしたちは軽んじてはならないと思う」と数年前に、東京で開かれた重症心身障害児者を守る会総会での記念講演の席上、筆者の尊敬申し上げている岡田喜篤先生がその趣旨を申され、渋沢先生の略歴を挙げられていたのを忘れられなかったからです。岡田先生からは、厚生労働省のある委員会で一年余り、委員会委員とワーキングスタッフとして先生のお考えや進み方をお聞きしてきた経緯があります。

渋沢栄一先生の事績については、本書第一部第一章の主内容としました。この内容のおもな参考文献は、前田の二十歳当時の担当教官である大久保満彦先生の研究論文です。そのタイトルは、「社会事業史上の渋沢栄一翁」上下二編です。渋沢先生の七回忌に発表されています。そして、続く第二章において、渋沢栄一に今日のわれわれは何を学ぶかを、筆者なりに掘りさげています。

この研究作業のなかで、筆者は、渋沢先生が明治から昭和の初めにいたる当時、慈善事業そして社会事業と呼ばれる世界で活動された思いや考えは、大いに前田師にも受け継がれている、筆者に前田師が教えてくださった社会福祉事業の考え方に共通している――このように考え、本書のタイトルを考案した次第です。

申すまでもなく、社会福祉事業が今日にいたる源流は数限りないと思います。社会福祉事業の大河には幾重もの流れ込みがあります。その太い大きな源流のひとつに、渋沢栄一から発する事績、意見や考え方を認めてはいかがだろうかというのが、本書の主題であります。

第二部では、いま言います前田師の始めた社会福祉事業の様子を伝えています。

第三部では、前の部にかかわる範囲での、筆者の思うところ、考える仕事観を伝えています。

本書の執筆目的は、実は今ひとつありまして、社会福祉事業を日本の国においていっそう評価してほしい、そして従事しようとする人が増えてほしい、さらに従事している人がいっそう定着してほしいとの思いを託すことにしました。

筆者の未熟さから、不足する情報や論理が多くあるかと思います。大方のご批判をお待ちします。

本書では、便宜上、年号に西暦を付しませんでした。第一部では、明治から大正、昭和へと移りゆく昔の日本の様子を記しますので、かみわけにくいかと思いますが、ほぼ順に記していますので、上手に時代の推移を勘案してくださいましたらと拝します。

第二部と第三部は、筆者たちの実践経験をもとに記しますので、概ね、平成と令和の時代のことではありますが、論述を平易にしたいため、年号を記すことは極力しませんでした。ご承諾ください。

それと、渋沢先生の時代から物語りますので、本書では、明治の慈善事業、そして大正と昭和の社会事業、一部戦時厚生事業、さらに戦後の社会福祉事業と称された一連の諸事象についてふれていますが、紙幅の関係もあり、それぞれの事業の特色や問題点など、学問的には何も付言しないで、社会的に用いられた用語を使っています。しかも今日からふりかえり、総じて社会福祉事業と称しています。本書の特徴として、ご寛恕（かんじょ　広い気持ちで承諾する）くださいましたら幸いです。

末筆になりましたが、本書出版を快く引き受けてくださいました川島書店の中村裕二代表取締役、および本書出版までご教導くださいました編集人の松田博明様に心からの感謝を申し上げます。

令和六年十月

山西　辰雄

目次

第一部　新一万円札の肖像　渋沢栄一と社会福祉事業

——人が社会福祉事業をスタートさせる契機にせまる

〈第一部に登場するおもな人物〉

本文の登場順、本文で紹介する範囲で
渋沢栄一、前田教導、秀導等を除く
敬称を略します
中村長太郎　前田在校時代の甲賀中学校長、栄転され京都市視学。終戦後に京都市行政幹部
井上清四郎　帝国議会議事堂事務局勤務、終戦後に日本赤十字社事業部長
三枝樹正道　佛教専門学校教授（社会学・社会問題及び社会事業担当）、終戦後に佛教大学教授
原　泰一　慶応大学卒業後三井銀行入職を経てニューヨーク・スクール・オブ・ソーシャルワーク留学、帰国後司法省勤務を経て中央社会事業協会総務部長、初代社会事業研究所長。渋沢が晩年に病床から起き、内務大臣を訪ね、救護法実施を訴えたときの送り出しにあたった。終戦後に日本赤十字社副社長
穂積重遠　渋沢栄一の初孫　父穂積陳重、母旧姓渋沢歌子。東京帝国大学教授、法学部長。中央社会事業協会社会事業研究所の第二代所長を兼務し、研究生・前田に餞別の詞を直接に託した
重田信一・天達忠雄・浦部史　前田が社会事業研究生当時の研究員。終戦後はそれぞれ大学に勤め、社会福祉教授。筆者もそれぞれに教えを受けている

上林よういちろう　社会事業研究所研究生　前田の一番の友人、中央大学卒

大久保満彦　社会事業研究生担当教員　研究生修了祝いの手紙を前田に賜った恩師
慶応義塾大学卒業後　渋沢没後であったが東京市職員として養育院院長室に配属され、渋沢研究を行った　社会事業研究所時代を含め多数論文あり　終戦後東京都勤務を経て慶応義塾大学経済学部教授

蜷川虎三　京都帝国大学教授　前田が京都府五条館長時代に職務上交流した　後に京都府知事

大久保一翁　旧姓名・大久保忠寛　江戸城無血開城に尽力した後に東京府知事　貧窮者への援護対策はじめ公共事業を展開し、渋沢栄一の活躍を要請した

尾高惇忠　渋沢の妻・千代の兄　渋沢の雅号・青淵の名づけをした

瓜生　岩　会津若松出身　渋沢の指名により一時期、養育院の幼童世話掛長として孤児支援の任にあたった

田中太郎　渋沢院長のもとで養育院運営を補佐した

序　章　ある社会福祉法人創設代表者が事業に従事したきっかけ

――滋賀県土山町・前田秀導青年の場合

ここでは、筆者に社会福祉事業へ従事するきっかけを与えてくれた恩師・前田秀導師の青年期にスポットをあてる。

不肖筆者には、今の職業に従事する際に何人もの恩師がいる。語ることのできる思い出がいっぱいある。大学の指導教授からは、生きて人に役立つ仕事を研究し、また従事することを教わった。人間らしくあれ、その人間とは…ということを三十年余り教わった。また、福祉の仕事はたえず勉強を積み重ねることで、その魅力（奥の深さ）に気づくことができると教えていただいた。

大学院の指導教授からは、謙虚に社会福祉を学問する、その素養のイロハを教わったつもりでいる。とくにひとつも間違わないで踏みはずさないで歩むように厳しく教わった。前田師には、社会福祉の現場で働くゼロからのスタート、その進み方から教わることができた。寺の和尚さんであり、真面目ひとすじの社会事業家、社会福祉施設経営者であった。

次の節からは、この前田師が青年期にその仕事・社会福祉事業に従事しようと決めたきっかけを描いている。

第一節　青年期に社会事業を学ぶ

前田秀導は寺の子として生まれ、寺を継ぐ和尚となるよう育てられた。幼少および青年期には戸籍とおり「ひでみち」と呼ばれ、住職となりその活動歴が増えるにつれて「しゅうどう」と名乗り、呼ばれるようになった。

寺は「布引山若王寺」で滋賀県甲賀の地にあり、室町時代からの歴史を残す伝統と格式のある寺院である。前田はその寺の庫裏（くり・自宅）に住み、寺のある滋賀県甲賀郡大野村から隣町水口町の甲賀中学校に通い、同校卒業後は京都鷹峯（たかがみね・千本通り北大路上る）にある佛教専門学校に通った。

父・教導と母・やすは秀導が京都市北区の学校へ通うのに京都での下宿生活を秀導の言葉でいうと「どうしても」許してくれなかった。寺の貧困と関係したか、苦労を背負いながら生きていくようにという親の心が働いたのかもしれないと秀導は後年に語っている。日本国有鉄道の草津線三雲駅から乗車し、草津駅を経て京都駅、そして京都から学校のある千本北大路まで京都市電を利用しての通学となった。

本人は次のようにその時の思い出を記している。

私は、朝八時半に学校に入るには家を出るのが午前四時二十分でないと間に合わない。家から電車の駅まで自転車で十キロメートル走って四時四十八分発の一番電車に乗り、国鉄に乗り換えて一時間半、京都駅から市電に乗って四十分かかって学校へ到着するのには丸三時間余を要して通学するのであった。それも田舎の交通便であるから一時間に一本の汽車でしかなく、往復六時間かかって学校に通った自分を考えると、今の時代には話しとしてでも嘘の話しとしかならないかとも思われるけれども、朝も暗がりに家を出て帰りも暗くなってから帰宅するといった通学を三年間休むことなく続けた。卒業のときには学校長から卒業証書と精勤賞をもらった私は、自分ながらにそれがやり通せたことについて、両親の子どもを育てることの真剣さの中に厳しさと協力があったから、そうして本人も懸命に生き抜く努力ができたのであると心から両親の親心に対して改めて感謝をするのである
父母は、自宅から三雲駅までの道のりを自転車で往復させることとした。「バスの定期代を出してくれなかった」と前田。

父は礼儀作法に厳しい人。気短かで人によく叱りつけていた。私にも殴る、蹴るもあった、手が早かった。「世の中で大将しようと思ったら人より強くならんといかん」その元で育った前田は、子どもの頃から身につけていた柔道を通じた心身の鍛錬もあり、通学を成功させたと思われる。
土砂降りの雨の日も風雪の日も、陽光激しい日も、前田は自転車で往路は三雲駅を、帰途は若王寺を目指した。

この青春時代の通学にさまざまな思い出が重なったであろうことは想像に難くない。中でもこの通学路は「昔の東海道」の風情を残す街道筋だったことは、前田に東海道を京へ通う男としての強い思いを与えたよ

うに考えられる。後に前田は歌を作詞するが、その中に次の一節を記している。

国道は昔懐かし東海道　山の茶畑に鶯の
見える木陰に雉子も啼き　田舎の薫香（かおり）健康（すこやか）に

大野村若王寺は東海道四九番目の宿場町土山を背にし、三雲駅に向かうには東海道五十番目宿場町水口町内を越すこととなる。

「毎日あたり前に通う。通うのをやめへんことを覚えた」という。

前田は、昭和十六年三月に佛教専門学校を卒業しているが、当時の校長は小林瑞浄師であり、卒業生は七十七人だったと記録されている。

佛教専門学校は大正十五年に設立され、浄土宗僧侶としてその上位である教師となろうとする者に高等教育を行い、卒業時に大学学部への入学資格を付与していた。

前田が佛教専門学校を卒業する際に選んだ道は、父教導師が甲賀郡三雲村で生まれ、大野村若王寺に小僧に入り、中学校は東京へ。東京で修業し僧籍を得た東京都荒川にある満開山公春院千日寺（通称公春院）に自分も寄宿すること、そして財団法人中央社会事業協会に設置されていた社会事業研究所研究生の採用を受けることであった。

公春院は一六一四年建立され、当初より修験者の僧坊として利用され田畑も所有してきた。浄土宗改宗は延宝年間、一六七五年頃で江戸時代には浄土宗の准別格寺院として栄えてきた。前田によると公春院は父が仏門に入る際の師匠にあたり、一時期父が増上寺に勤めていた関係もあって東京の浄土宗内に知己があり、さまざまに関係者が教導の長男秀導を迎えたものと思われる。

すごく普通にそういうように進んだ。母親は薬師にお尋ねし、おみくじで返答を得た。自分は研究生になる試験に合格したくて社会事業のことを事前に勉強し、タイヘンやった。入学試験は論文と面接、社会事業はどういうものやということを書いた

入学する前に甲賀中学校の中村長太郎校長と帝国議会議事堂事務局に井上清四郎さんを訪ね、あいさつした

社会事業研究生を採用する社会事業研究所というのは財団法人中央社会事業協会が設置した研究機関で、主要事業の一つに「社会事業従事者の教養訓練」を掲げ、社会事業従事者養成を行っていた。昭和十四年版『中央社会事業協会の組織と事業』には次のように記されている。

昭和三年以降年々大学、専門学校出身者十名内外を選抜して社会事業研究生として採用し一ヶ年間社会事業の理論ならびに実務を研究修得せしめ、修了後はそれぞれ公私の社会事業に従事せしめているが、これが修了者は昭和十二年度迄に百二名に達している

前田が父母とも相談し、研究生に応募した理由は何であったか。

考えられるのは、当時は浄土宗に限らず宗教寺院が境内や近隣地に託児所や保育所を設ける、あるいは養老院を設けるなど社会事業をさまざまに行っていた経緯があったのと、前田が佛教専門学校で社会事業を学修した経緯があるのが影響したと考えられる。

前田入学当時の同校「学科目程度並びに授業時間数表」によると、大項目として「宗乗」「餘乗」「宗教学」「修身」「哲学」「教育学」「法学」「史学」「社会学」「国漢文」「外国語」「教練」「體操（体操）」とあり、「社会学」のもとに社会学一數時と社会問題及社会事業一數時と記され、当該科目は三枝樹正道教授（みえきしょうどう、京都帝国大学哲学科卒、当時四四歳）が担当されていた。この三枝樹教授からの教えが時間数は短いながら前田の心に、そして父母の心にも響いたと考えられる。

ちなみに、三枝樹教授は、当時関西大学教授を兼務し、一九四九年に学制改革後の佛教大学教授となられ、その後に佛教大学の姉妹校である家政学園中学高等学校長、学校法人家政学園（現京都文教学園）理事長という要職を果たされている。

また、前田が入学前にあいさつに訪問したと言っていた二人の人物であるが、その一人、中村長太郎は『県立水口高等学校八十年記念誌』によると同高校の前身である滋賀県立甲賀中学校第二代校長で、その後昭和十八年七月二十日に任半ばで京都市主席視学に栄転された人物である。視学とは、教育行政に従事し、国の教育方針を徹底させるため、学事の視察、教育の指導監督を行い、教育人事にも影響を与えていたとされている。さらに、井上清四郎は「東京に来るんなら来い」と前田に声かけしていた人物で、終戦後は日本赤十字社事業部長に任じられ戦後復興の任務に応じていた人物である。ただし、残念ながら前田に井上を紹介した人物や経緯は筆者には伝えられていない。この二人の人物は、しかしながら、二十歳を過ぎた前田が何度か関係性をもたせていただいた経緯がある。

第二節　中央社会事業協会　社会事業研究所での学修

昭和十六年四月に前田の東京での生活と社会事業研究生としての活動が始まった。二十歳の時である。この年は、いまの東京都霞が関に所在する新霞が関ビルの土地に一月、社会事業会館が竣工したばかりである。中央社会事業協会だけでなく、社会事業に関係するさまざまな機関や団体が拠点として活用し始めていた。社会事業研究所はその前、昭和九年十二月に原泰一所長（当時五十歳）含め十名の職員体制で設立されている。

原泰一初代所長は、慶応義塾大学理財科（今の経済学部）を卒業後に三井銀行に入職するが、三十七歳のとき進路を一転（今でいう脱サラ）し、社会事業を学ぶためコロンビア大学のニューヨーク・スクール・オブ・ソーシャルワークへ留学した。その理由をご本人は次のように語っている。

三井銀行に入り、十年も経たころ、第一次世界戦争のあとで、一方において非常に景気がよくなっていて、忘れもいたしませんが、金成り金だとか船成り金というものが栄華を誇っていた時代であったわけです。と同時に、一方では米価を始め諸物価が高騰して市民は非常に困っておるという時代でありました。しかもその時勢の中に一番衝撃を受けたのは、賀川豊彦さんが警察に引っ張られたことなんです。それは三菱と川崎（両方ともに重工業・造船企業）との連合デモパレードが神戸で、東は生田の森から西は湊川神社まで堂々の…労働者三万人がパレードをやって、その先頭に賀川さんが立った

そのころ賀川さんは神戸の新川にセッツルメント（定住しておこなう隣保事業、救済活動）して、社会事業をやっておられたときであり、…過激でもない、先頭を歩いたというだけでつかまって、そうして、三ノ宮の警察にぶちこまれてしまった。…そのとき兵庫県の知事は有吉忠一さんといって、これは近代社会事業の歴史上見のがすことができない貧民研究会というのが当時の内務省の若手官僚の中にあって…そのメンバーの一人なんです。それに東京におった原胤昭（原泰一の妻の父・義父にあたる）とか留岡幸助、生江孝之とか牧野虎次とか、社会事業の先達が集まって、助けようじゃないかという話になって、それじゃ私が行きましょうと言って、早速、神戸に行き、有吉知事に会って、ああいう人をひっぱったらかえってマイナスになるから、と言って、帰してもらった。そんなことがありまして、私はこんな世相の中では弱きを助け、苦しみ悲しんでいる者を救い、悩める者を力づける社会福祉をもっと発達させなければならないと痛感しました。とにかく、社会的に人間相互間に愛が行われ、好意（グッドウィル）が持ち合われれば世の中はずっと明るく住みよくなるのではなかろうか、と願って私は三井銀行をやめて、まず社会事業の勉学研究にニューヨークに行ったのが一九二一年（大正十年）でした

その後、原は欧米視察を経て帰国後、司法省事務嘱託、少年保護司、内務省社会局事務嘱託に従事した一方で、中央社会事業委員会委員を経て中央社会事業協会・渋沢栄一会長のもとで理事・総務部長をしていた人物である。次章で物語る渋沢栄一との関係性が深い人物であるが、前田との関係性も含めて、その深さは次々物語ることとなる。

さて、前田が研究生として採用された社会事業研究所設立は、一説には内務省社会局と恩賜財団慶福会の

援助によるとされているが、中央社会事業協会による設立趣意書には次のような特別なこととして記されている。

本協会は昨年末皇室よりご沙汰を拝し（決定していただき）特別御下賜金（とくべつごかしきん・特別な配慮による金銭の進呈）を拝戴するという光栄に浴した。この慶事を機に理事者がその使途に関し慎重協議をし、「わが国社会事業界の切実なる要求を吟味検討し、御下賜金を基本として社会事業研究機関を設立するこそ、最も時宜を得たるものであるとの意見期せずして一致を見たり」、そして「社会事業研究所施設の実現を企画し、幸い各方面の賛同援助を受け」設立した

前田が採用される二年前、昭和十四年三月には所長が交代し、穂積重遠東京帝国大学教授が兼務し、その六月には参与五名、七月には研究委員二〇名が委嘱を受けている。その一人浦部史（うらべ　ふみ　終戦後に日本社会事業大学教授）は「所員会議を中心として運営され、自由と民主的な雰囲気があった」と語っている。

研究生に採用された前田は次のように回想している。

頭の良い人たちばかりがいた。男も女もいた。東京大学含め有名大学卒業後の人も社会経験のある人もいた。東大卒の重田信一先生（後に明治学院大学教授）や明治学院高等学校社会科を出て研究生を修了した天達忠雄先生（後に明治学院大学教授）はわれわれの目上で社会事業研究所におられた

最初の友人は上林よういちろう当時三十六歳。高校二年の時、村役場で給仕して村長が東京から来た若いのにペコペコしていた、さも陛下にそうするように。その様子に接し「一人前になろう」と決め、人に

教えられるままに高等文官試験を受け合格、中央大学を卒業し研究生になった。日比谷公園で一緒に土山産の茶を飲みながら、語り合い、友人になった。「茶なんてもの簡単にアタルかい」と言われた

研究所では講義を受けるほかに、自分たちの研究したことを教官の前で順に発表した。友人たちと共に伊豆大島村まで調査のため長時間船に揺られ船酔いしフラフラになって往来したことがある、よい思い出である

だれだったか忘れたが、おまえ、京都に近い。京都に行くなら府庁に紹介すると言われた。当時研究生の先輩が京都府庁に十人ほどいた

研究生には大久保満彦先生が担任された。慶応義塾大学卒業後の当時三十歳代で、東京市養育院で研究活動された後に社会事業研究所に勤められていた。研究熱心で…勉強する…発表することを教わった

実はこのほかに前田からは研究生活動について筆者は思い出語りを聞いていない。

前田自身は日々懸命に多分実直に…努力を重ねていたと考えられる。と共に、東京での朝夕の僧侶としての修行、それに研究生としての勉強の繰り返しだったこと、あるいはそのほかに考えられるのは、社会自体が混乱し動乱の寸前にあり、前田に聞こえてくる情報の多くは不安をかもしだす連続だったと思料される。すなわち、第一次世界大戦後（大正七年）からの強気の外交と日本軍による満州侵攻・統治の中での軍事行動、そして緊迫する国際情勢、一方で、国内経済の構造的インフレによる庶民生活の窮乏などを日本の首都中心地で前田は見聞きする、緊迫した空気感の中での生活であったことと思う。

前田が研究生として何を学んだかについて考察してみると、社会事業従事者教育の点では、たとえば、次のような学習をしたように考えられる。担任である大久保満彦先生が昭和十年に発表した論文「方面事業における技術の問題」を頼りに、当時の社会事業従事に必要な知識の初歩を次に綴っておく。

生活に困窮した人たちに接して相談指導にあたり救済対策を考える、これは社会事業の大きな目的であり、これを果たすため昭和四年に救護法が成立し、昭和七年から施行されている。法を実施するのに方面委員令も施行されている（昭和十一年）。日本の国がこれら具体化を行うには今では想像を絶するたくさんの人たちの労苦や取組みが行われたことはよく知っておくべきである。とくに方面委員制度は国の規則により都道府県が市町村単位に設け、方面委員の受持ち地区を割当てているが、救済活動に必要な専門性をもって普及しているかというと、それぞれの地区の名ある人物が名誉職（無給奉仕者）として任命されている…

大久保先生は別に次のように記している。

方面委員の任務たる方面救護事業はきわめて広範にわたる事業であり救護法による要援護者の救護（居宅生活扶助、医療収容救護等々）をはじめとし、

社会調査（方面カード調査、行政機関などへの連絡、衛生、調査、家庭訪問）
相談指導（生活、人事、保健、教育、育児、職業、戸籍、紛争、法規上の）
保護救済（幼少年、老孤者、被虐待者、遺棄迷子、行旅病人、精神病者、罹災者等々）、
保健救療（各種診療、入院、妊産婦、防疫等々）
戸籍整理、福利教化、育児奨学、あっ旋紹介（職業、副業、宿泊等）、

金品給与（生活費、葬儀費、帰国費、等々）其の他ほとんど社会事業の全般にわたるものである。しかも、そのためには法規に通ずると共に人事百般に通じていねばならぬし、しかも名誉職といわれているように本職を他にもつ人々の仕事としては、いかにも過重といえば過重なる職務といわねばならない

しかしながら私は、この過重に見える方面委員事業も、よく訓練せられたる優良なる方面事務担当の専門職員を配するならば極めて順調に、現行社会事業、各種社会施設の連絡機関として社会事業交換所的（今日でいうセンター的＝筆者注）任務をも果しつつ、なお又方面事務所市民館は単なる救護、救助機関に止まらず地区改良の隣保事業の役割を果し、進んではヘルス・センター（当時は主に性病・精神病・結核を中心とする療養施設をこのように呼び換えていたようだが、むしろ今日の保健所・保健センターを指すと考えられる＝筆者注）としての役割をも加える事を可能として、名実ともに国民社会事業の中枢的位置を占め、その重要なる任務を果し、国力増進国民福利の実をあげ得るであろう

すなわちあくまでも親切なる人格者の方面委員と技術的に訓練せられた職員とのチームワークによるならば方面委員各自の社会診断的技術の問題、過重に過ぐると思われる委員職務の複雑多岐に対する危惧もいささかも憂ふるに足らぬであろう

私はそれにつけても、優良なる技術的職員を養成して全国市町村に配置し、その過労なる任務にある職員を優遇し、全国方面網を完成するならば、さらに各官公私社会施設の連絡統制協調を拡充することも可能である

大久保先生二十九歳の時の論稿であり、無給名誉職である方面委員と助言等にあたる有給専門行政職員とが知識や経験、考えを交流させながら救護事業を進捗させれば、さまざまな可能性を広げられる…との熱き思いを伝えているのが印象的である。

長い引用となったが、この「優良なる技術的職員の養成による全国市町村への配置」を大久保先生は社会事業研究生への教育訓練の一目的につらなると考えられ、実際の教育努力を重ねられていたと拝される。また、このために、社会事業研究所では研究生の具体的な学修内容にメアリー・リッチモンドによるケースワーク論や社会調査法等の学修を必須とされていたと考えられる。

前田は、社会事業研究の中心地での、あるいは全国の社会事業実施状況が把握できる情報拠点での学修を通し、社会事業を前に進めることの大切さや多難さ、その専門的職業に就くことへの意欲や希望を心得ていったものと考えられる。

この年に前田は徴兵検査と陸軍入隊審査を受けていた。十二月八日太平洋戦争が勃発し、いち早く前田に十二月十五日召集の令状（通告書、一般には赤紙と言われていた）が届いた。決して偶然ではない。国策として、青年たちを戦場へ呼び入れる施策がすでに展開されていたのを受けた発令である。小学校が「国民学校」と改名された年でもある。

文部省はすでに全国各地の大学・専門学校に向けて「早期卒業制度」を決定し、その実施指示を発出していた。佛教専門学校三十年史には「卒業期繰上」として次の記事を掲載している。

支那事変以来の緊迫する時局に対処し、国家の人的資源に対する最高度活用の要望に応じる。具体的には、学生生徒の在学修業期間をできうる限り短縮し、速やかに国家の要請に即応するため卒業期繰上を決定し、昭和十六年度卒業者は在学年限を三ヵ月短縮し、昭和十六年十二月に卒業するという未曽有の戦時学制が発布された。十七年度以降は当分の間六月以内これを短縮されるから、十七年度は九月に卒業式を挙行することとなった

前田は赤紙を受け、社会事業研究所長である穂積重遠（ほづみしげとう）先生を会議中の宮中（今の皇居）に訪ね、従軍することの報告を行った。

前田によると、穂積所長は……

握手してくださって、「今度の戦争は相当に厳しいものとなる

君は鈴鹿峠の裾（ふもと）に寺の住職をする身であるが、社会事業は決して都会に出なければできない等とは考えずに、もし生命があって生き永らえることができるならば、どうか田舎にあって初期の目的のとおり、社会事業を実行することをお願いします」とのご餞別の詞（お別れのことば）を頂戴した

穂積所長は、実は昭和六年に逝去した中央社会事業協会初代会長の渋沢栄一の初孫であり、父親の穂積陳重と渋沢の長女歌子との間の第一子でもあった。親子ともに東京帝国大学で法学者として活躍し、法学部長を務め、著述も多い。その人物からの直接の送別のことばであった。

「貴君は君が住職するその土地で！鈴鹿峠のふもとで！社会事業を起こすように……」との主旨は、これ以

降、前田の胸の内で熱く燃える使命感、あるいは人生の目標となる。

第三節　志なかばでの従軍経験

前田は東京を後にし、甲賀郡大野村若王寺へ帰り、自宅から陸軍の召集に応じた。

その数日後、社会事業研究所から修了証書と共に今は恩師となる大久保満彦先生から万感の意を込めた手紙が届いた。

和紙に墨字で鮮やかにしたためられたお手紙であり、後に前田教導と秀導親子はじめ近しい関係者が仰ぎ見るために、若王寺書院に額縁保管された。今回、秀導師長男である前田晃秀上人が佛教大学教授で大津市内願海寺住職・広瀬卓爾先生はじめ数人の専門家に教わりながら判読された手紙の内容を次に披露する。

転載にあたり引用責任は筆者にあり、漢文交じりのお手紙に対し、大久保先生のご表現や意味するところを損なわないように、理解しやすくかな文字を一部使用させていただいた。読者に、大久保先生のお手紙から、前田の様子や心を察していただきたく、注解せずに掲示させていただく。

拝啓　このたびはご令息である秀導君には、当研究所研究生ご修了あそばされ
おめでたく、お祝い申し上げ候
ご入所以来、小生直接指導の任にあたり候えども　常に勤勉ご奮闘され、まったく

感服のほかなく存じてきました
せっかく京都府社会課へのご就職も確定致しているところ、
突然このたびは、国家の干城（かんじょう・国を防ぎ守る軍人　引用者注）として
のご重責を担わせられ候ことと相成り（あいなり）
厚き事案の為に詢（まこと）に残念とも存じ候えども、さりながら
ちょうど過日十二月八日研究発表会を行った当日、大東亜戦争（第二次世界大戦）
勃発により、
まず、秀導君が第一にお召しにあずかり、
皇国男子として軍人として報国の一大義務を尽くす、そういう機会を得られました
秀導君こそかえって好運児と思料あたり候
小生の弟も海軍大尉として戦場にあり、これこそ男子の面目に御座候（ござそうろう）、
さぞかしご尊父様はじめ御一住様（同居している親族の皆様　引用者注）のご満足にいかばかりかと慶
祝にたえず候
すでにご入隊のご通知も頂戴つかまつり候
この上は御一住様はじめ秀導君もいよいよご健康にご留意あって、
この重大事局にますます国家のため、ご健闘のこと祈り上げ申し候
先ずはとりあえず本日修了式終了にあたり修了証書お送りの機会に

添えてひとことお祝い申します　敬具

昭和十六年十二月十七日

社会事業研究所

大久保満彦

前田教導　様

秀導　様

昭和十六年十二月、前田の向かったのは京都府福知山。そこで配属されたのは京都師管司令部の伝令用務であった。師管とは地域防衛の担当と共に、戸籍をもつ男子からの徴兵・補充の手続きと指示を引き受ける部署で、対象地域は京都府・滋賀県・福井県でそれぞれの県に設けられている連隊区と連絡し、上は中部軍管区に直結していたようだ。ただし、一兵卒の前田にはその具体的なことは何ら知らされていなかった。

前田は言葉少なに次のように当時を語っていた。

おもに兵役演習でなく伝令係をしていた。モールス信号を受け取りそれが文書化されたものを、それぞれ担当されている上官に届けていた

父親が何度か面会しに来た。そのたびにわざと大きなマントを羽織って来て、そのマントの中に自分を入れて食べ物や嗜好品を差し入れてくれ、食べるなどしたのを覚えている

差し入れは重宝して上官にも差し上げた。問いかける上官に「私は和尚（おしょう）です。一番大切な

人に差し上げるのが和尚です」と答えた

父から「恥ずかしいことをしないように」女々しさは許されないことを教わっていた。「死ぬことは一度。死に方が本人にとって大事」と考えていた

大佐長、伍長、軍曹、下士官がかわいがってくれた、自分の運否天賦(うんぷてんぷ)の良さを感じていたある日、自分の運んでいる文書をふと見ると前田秀導　除隊する旨が記されていてびっくりした。上官には見たことを隠して手渡した。実際そこに記された日付でそのように命令を受けた。

前田秀導　昭和十七年三月十四日　除隊

前田はすでに社会事業研究所から、徴兵を離れることがあれば「京都府庁に行け」と言われていたので、そのようにした。

第四節　京都府庁での社会事業従事

前田は昭和十七年五月四日付の採用辞令を京都府知事から受けている。

京都府社会事業主事補　学務部厚生課勤務

また、同年七月十五日付で次の辞令を受け、配属されている。

京都府五条厚生会館館長、京都府救護事務委嘱

二十一歳の前田青年がどのような役割期待を背負って、京都府官吏となっていったか、甲賀郡大野村から日々通ってどのような仕事をしたのか、徐々に明らかにしたい。

初めに社会事業主事補という専門職名であるが、当時、道府県庁はもともと国の行政を執行する責任を有し運営されていた。社会事業もその一つであり、これを実施するため、大正十四年から国で地方社会事業職員制が公布されている。

地方における社会事業に関する事務に従事させるため、北海道地方費または府県費によって道庁または府県を通じて左の事務職員を置くことができる

社会事業主事専任　六十一人以内　奏任官待遇、

社会事業主事補専任　二百五十三人以内　判任官待遇

前項職員の道庁及各府県内の定員は内務大臣これを定む

待遇官吏として任命されるのは、「国家に対し忠実かつ無定量の勤務に服すべき公法上の義務を負う点では国の官吏と差異は無いが」府県から俸給を受けることで「実質上の官吏」と呼ばれていた。同趣旨の待遇官吏には、公立学校教員や巡査、看守等が含まれるとされている。道府県において一般社会事業行政に従事する職員の「質的向上を図る」ことにねらいがあった…「社会事業の運営・管理について一般事務職ではなく専門職が担当することになった」と、『全社協百年史』には記されている。昭和十六年十一月には社会事業主事二百一人、同主事補六百七十四人を上限とすることが記されている。この施策の要点と実施方法は、

すでに前田が社会事業研究所で大久保先生から教わったであろう通りの役割を自ら理解し実践したものと思われる。

また、京都府では知事が委嘱した方面委員の事務所として、京都市各区に京都府の財団法人中央社会事業協会の方面会館（厚生会館と称される）数か所が置かれ、方面委員により救護の決定がされた。そこに府の職員がいて方面委員の事務をまとめ、京都市に救護費の請求をし、京都市の社会部保護課（後に厚生部保護課）から費用が前渡されて精算された。施設への入所は方面委員が施設に依頼し、施設によって決められたとのことである。

前田は、このうちの五条厚生会館長に任じられたこととなる。ちなみに、救護事業の具体的な施策はこの当時京都市社会課（戦局が厳しくなり厚生部保護課）が行い、次の三つの係が組織されていた。

調査係　社会事業調査全般　救護事業の統計に関することと共に、対象となる人や家庭への訪問調査等を含むと考えられる

保護係　居宅あるいは施設に分かれ救護の決定と実施を行った

経営係　棄児、迷子、遺児への対応、託児所業務を行った

したがって、前田の日常職務は、貧窮に困っている人たちに接し近隣や学校、保健施設との連絡を行う一方で、住民の救護に責任をもつ方面委員との連絡連携、その上で京都市役所厚生部との連絡往来…これらが、京都府官吏として欠かせなかったと考えられる。

前田は京都府庁に採用されたことについて、次のように語っていた。

社会事業研究所の卒業生ということで府庁での職階も給料も配置先も特別厚遇された。研究所先輩たちも同様であった。社会事業を知っているという専門性への評価が高かった

私がのちに公務員退職後、るりこう園を始めるため佛教大学大学院卒業生、知己を得ていた上田千秋教授から社会福祉事業を教わった人にるりこう園運営をすべて任せることにしたのも、あるいは滋賀県庁に勤めているときから社会福祉を勉強してきた人を大事にしてきたのも、この「専門性」評価を自分自身が期待され発揮してきたからだ

さらに同年、前田は国の勅令七七〇号を十一月一日に受け、京都府属を拝命している。行政簡素化の全面的実施に伴い、地方社会事業職員制が廃止され、社会事業主事（定数三十一名）・主事補（同上四十名）は地方事務官または属に任じられたと、中央社会事業協会『日本社会事業年鑑・昭和十八年版』には解説されている。

前田はこの数年の職務を通じ、次のように語っている。

五条厚生会館長というのは就いてみると相当に偉かった。近在の下京区島原に遊郭があったのをはじめ、街の人の救護の任は相当に混乱する世の中が反映された。幸い、仰せ（おおせ）つかっている立場は、京都府警察五条署長と同格であり、実際に警察と連絡を対等に取り扱うことができた

方面委員からの相談にのり、救済のことに指導するのも職務だった

学校との連絡に行くと、「この子頼む」と言われる児童がたくさんいた…管轄区域には税金納めている人が少なく、貧困貧窮家庭が多かった。困窮家庭への家庭訪問、児童の直接的な保護、家庭・親への指導

も職務だった

当時、蜷川虎三さん（後に京都府知事）が京都帝国大学教授だった、交流があった一人だ。宮内庁関係の接遇担当となると、社会事業研究所出身者が指名された

京都府庁にも先輩がいたが…、蜷川さんが他の先輩にはなにかと言われないで、私になにかと用を頼まれた

京都御所に、とある宮さまが来られた時に護衛の任に就いたが、御所から御出ましの際には今の同志社大学の交差点で京都市電を停車させなければならないと考え、各所に連絡したがむずかしかった。ようやく了解を京都市電に取り付けた。元甲賀中学校長の中村長太郎さんが京都市交通局幹部をされていて中に入ってくれた…結果的には宮さまはその道を避けられたのか何かで市電を止めなくてよくなった

私の地元の大野村で島原遊郭に娘が売られて行ったというのを聞き、まったく個人的だったが話を聞きかわいそうになり助けに行った。やくざが仕切っていたそれを正座して逃がしてやってほしいと頼みに行った時、ドス（短刀）を抜いて床に突き刺し「これでも連れて行くんか」と言われたときは…こわかった…連れて行きますと言って…必死に大野村まで娘の手を引き家に帰した経験がある

京都や滋賀を含め、日本本土はやがて太平洋戦争の最中に陥る。社会事業は厚生事業と呼ばれ対象者救護よりも「銃後国民生活の安定」「銃後の守り」が強調され、前田も府職員が兵役に多数動員され人員が減る京都府庁にあって、特殊で緊急的な用務を行うことが日常となった。戦況が厳しくなってきた時、物資の流

通も滞ってしまう。
府庁に通えないことも出てきたという。
大野村の人たちから依頼を受け、当時管制が厳しかった京都への農産物持ち込みを手伝ったこともある。
「闇（やみ）を知る」というが、この時代に闇を経験した人は多い、この時代に生きた人は今も心のどこかに陰（かげ）をもって生きているのも事実だ
当時は本当に庶民には暗く辛いことが多かった… 農家の人を助けようと思い、 山科を超えた所で検問が設けられていて、難儀の中一度、言葉で検問を逃れた経験がある
終戦前後は舞鶴港はじめ各地の戦場から帰還する人が京都駅に溢れ始めた。その時は駅で府庁職員として帰還兵受入れにあたったこともある
昭和二十一年三月十九日付で前田は京都府庁を依願免職する。父・教導師が亡くなり、寺の跡を継ぐ必要からである。二十五歳の時であった。
ある日、寺に帰ってくると父親が母たちに囲まれていた、何かを言おうとされているが自分たちにはわからない…とのこと。聞くと、死ぬから布袋様（ほていさま、鮮やかな木彫りで人の膝の上に乗るには余るくらいの大きさ）を枕元にお持ちせよとのことだった。よくよくのことだった、その日に息を引き取った
父は酒が好きだった、檀家宅に参った後、寺に戻ると必ず隠れ酒を飲んでいた、この亡くなる日も同様

の事かと母たちは思っていたようだった…

教導師は享年七十四歳。前田は、同年十月十日二十六歳で浄土宗若王寺住職となる。

住職となり父がしていた方面委員、すぐ後に民生委員を十二月に委嘱を受け、甲賀郡民生委員連盟監事も引き受けた。宗議会議員はじめ浄土宗内の責任も同様に引き受けた

「住職の身で社会事業」をとの思いは、いよいよ戦後数年のうちに叶った。しかも、宗教法人浄土宗の要職も担いながら。

昭和二十三年（一九四八年）前田が一人の民生委員として東京都芝大門の日本赤十字社本社に行き、現金で大金を受領し甲賀郡大野村に持ち帰り、赤十字社本社に申し出て信託されたとおり、大野村診療所設置を実現した話は前田が生前に語っていたことだが、誠に本当であった。前田は語っていた―

大野村に診療所が昔からあったことはあった。たしか戦時中は軍医さんがいて…民生委員会で話していて医師が居つかない、石部（いしべ・約二十キロ遠方）から医師が来ていたことがある…そこで、きちんとした診療所を日本赤十字に頼んでみると自分が言って…日赤本社を訪問した

原泰一副社長と当時は事業部長をされていた井上清四郎さんに会って、日赤の金を使えばよいと言われた。国から出すか、皇室から頂戴している御下賜金（ごかしきん）から出すかと言われた。国が直接だったか皇室から頂戴したお金か…覚えていない。宮内庁、九段坂から歩いて…中に入った建物で二人から受領し、新聞紙に包み国鉄の二等車両に乗り、持ち帰った。重かった…村の人はびっくりしていた…場所は

大野村徳原の油屋の隣に診療所を設けた

日赤本社が終戦後に毎年、病院あるいは診療所を各地に数件程度設けていた時代である。原資にはたしかに御下賜金が含まれていることが日赤史料に記されている。そこに、前田個人の仲介で診療所設置が託され、大野村で実現したこととなる。社会は日本敗戦後の復興わずか数年、まだまだ混乱期である。しかし…実際に診療所は設置された―

『土山町史』は昭和三十六年七月に刊行されているが、第九章「現代の土山」で次のように記している。

医療施設　現在土山町の医療機関としては、大野・山内・鮎河の三町立診療所…

大野診療所は、昭和十七年までに事業を開始しているが、戦後昭和二十三年日赤滋賀支部大野診療所として開設されたのがそのはじまりで、昭和二十六年九月日赤より土山町が買収、同年十月大野村国民健康保険直営大野診療所として発足し、その後昭和三十年四月町村合併により土山町国民健康保険直営大野診療所となったものである。施設、医師職員など整った郡内でも有数の診療所で、月平均五〇〇件（昭和三十四年度）の患者の診療を行っている

実はなによりも、前田の語っていた日赤幹部二人の人物は正真正銘、前田が前田の東京生活で昭和十六年に接した重要人物であった。太平洋戦争を経て、青年前田は日赤本社幹部と見事な再会を果たしたというべきである。

日本赤十字社副社長の原泰一先生はすでに紹介したとおり、慶應義塾大学理財科を卒業後、実業の世界を経て、米国留学と欧米視察の上で社会事業に従事され、前田の社会事業研究所研究生当時は社会事業研究所

長を穂積重遠先生に譲られ、中央社会事業協会理事を兼務されていたので知己を得ていた。それに井上清四郎日赤事業部長は前田が上京に際して帝国議会議事堂事務局に訪ねた人物でもある。当時の時代背景において、社会を復興させる第一人者である二人からの信託を受け、前田が鈴鹿峠のふもとにある大野村に診療所の設置を委ねられたとして不思議はない。それが実現した。

第一章　慈善事業・社会事業のリーダーとしての渋沢栄一

――近代日本を開花させ社会的課題の克服に対峙した源流を求めて

第一節　社会事業への参画

渋沢栄一は序章に記してきたように、前田秀導にとっては社会事業研究所で出会い縁した人たちの先輩格、むしろ師匠であり指導者であった。前田は東京で出会った人たちが渋沢のことを尊崇する思いと共に語るのを聞いていたであろうが、短い修学期間の中ではその人物の偉大さまでは気づかなかったものと思われる。筆者との対話の中にも渋沢のことは言及されなかった。

しかし、その渋沢の遺影が令和六年七月から普及する新一万円札に形撮られることもあり、渋沢の思いや考え、そして行動に学ぶところが決して少なくない日本の社会福祉事業であると、いま考えられることから、敬意を深く表して本章の執筆にあたり、渋沢が従事した社会事業のきっかけと経緯を伝えることにする。

この章では、明治時代に始まる近代国家において慈善事業と呼ばれ、次に社会事業と称される、今日では社会福祉あるいは社会福祉事業の道が創設され始める初段階（むしろスタート）にあって、渋沢がどのような考えや行動をしたのか、明らかにしたい。

幸い、前田が直接に指導を受けた大久保満彦先生が、渋沢の七回忌にあたり故人をしのぶと共に社会事業の歴史上に高く評価されるべき人物として渋沢を評する論文を昭和十二年発刊の『養育院時報』に「社会事業史上の渋沢栄一翁」と題して二回に分け掲載している。この大久保先生の論稿のなかでの渋沢を大久保先生の執筆動機や論旨をふまえ、物語ってみることにしたい。

ただし、当該論文をそのまま転記すると相当にむずかしくなるのと、当時の紙幅の関係からとも思われるが、引用された情報量が決して十分ではないので、本書では関係史料を他にも参照しながら、理解しやすく、読んでいただきやすく編集させていただくことにした。文章責任は筆者にある。そして、明治の初めから昭和に入る時代の世相や社会状況を反映した大久保先生や渋沢等の言葉づかいは一部残す一方で、今日では使わない注釈が必要な用語は別の言葉で表現するなどした。

この章節を通し、渋沢栄一は金融経済界の雄であるとともに、社会事業をけん引したリーダーでもあったことをしのびたいと思う。なお、この章でも失礼ながら、社会福祉事業の先覚者を前田が直接に指導を受けた大久保先生を除いて姓のみで呼称し、尊称を付さないで記すこととする。ご寛恕いただきたい。

ちなみに大久保先生は慶應義塾大学管財科卒業であることは先に紹介しているが、渋沢が昭和六年九十一歳で亡くなる際に傍近くにいた原泰一（当時中央社会事業協会理事・総務部長として会長・渋沢を支えていた）の大学の後輩になることから、原の助言あるいは影響を得ていたかと思われるが、大学卒業後、渋沢院長のいた東京市養育院に関係をもたれ、養育院の歴史と経緯・現況分析など種々の研究を始められたと考えられる。

とくに、昭和十一年一月三十一日付けの「(養育)院報四一四号」には、東京市職員として社会局保護課勤務・高田方面事務所長であった同先生が、養育院の院長室勤務(配属)を命じられていることが報じられている。

学問的な論稿自体は昭和九年二月二十七歳のときに「国民社会事業論序説」を手始めに研究誌に寄稿されるようになったが、渋沢と養育院史にかかわるところでは昭和十一年から十三年ころにかけて機関誌『東京養育院時報』と同『救護事業』に数多く発表されている。

それゆえ、三十一歳で渋沢七回忌記念号にいまから紹介する特別論文を掲載するにいたるだけの親密性や信頼性が当時の養育院との間にあったのではないかと拝している。

また、大久保先生は、この論文発表以降に社会事業研究所に所属し、社会事業研究生の指導を担当するかたわら研究を続けられ、中央社会事業協会の機関誌「社会事業」等に社会事業の課題分析等について数多く寄稿されている。そして、第二次世界大戦後は、東京都民政局に勤められた経緯があるが、昭和二十七年に母校・慶応義塾大学経済学部教授に着任され、昭和五十四年逝去されるまで経済学および社会福祉論等研究を続けられた。

大久保先生は渋沢が社会事業を行う前段階、そして渋沢が社会事業に関与する経緯を次のように紹介している。社会的事象をふまえ渋沢がさまざまに考察し決断した、そのことが紹介されているので、長文となるが、そのまま引用する。ご寛恕ください。

明治初年における日本の使命は、西洋の帝国主義的侵略から極東の天地を防衛する事でなければならなかったし、そのためには欧米と同一水準までの技術の獲得と急速な資本主義制度の採用と、西洋の教育、金融経済、事業、文化各方面の採用等は、ひとつとして此の必要に出でぬものはなかった

明治政府のモットーは実に「富国強兵」であり、明治初年の政治、経済上の諸計画は多かれ少なかれ、敵前作業としての特質（開国にあたって、日本が少しでも優位な立場で交渉にあたれるようにする目的・筆者注）を有するものであった

かかる関係において明治初年の東京を中心とする救護事業はどのように規定され、またどのように遂行されていたか？

周知のごとく、明治政府は、東京遷都の後間もなく、前政権より俗に七分金と称する江戸市民共有金を基本財産とする救護機関「町会所（まちかいしょ）」を継承し、幕末から維新にかけての未曾有の動乱期に市民経済生活の破綻（慶応年間には激甚な物価の昂騰があり、米騒動が頻発している・筆者注）から生じた窮民乞食の救済保護にあたった。三田および麹町紀尾井町の「救育所」の施設がこれである

次いで明治三年ロシアの皇子アレクセイ大公が来日されるという予定が入り、当局は路上徘徊の乞食（こじき）の群れを狩り集めて浅草の指導者のもとにあずけ、これを取り締まらせた。考えてみると、この時期における救護の事は、概ね維新騒乱後の治安維持の要求より出でたるものであり、また一面、新日本の帝都の体面感より発したるものと見ることもできるであろう

明治五年五月二十九日に従来の町会所が廃され、新たにその後身として営繕会議所が設置されてからは、被救護者に対する授産の方策が採られ、工場、日雇会社の施設が生まれ、別に老幼の人や医療的に病弱者を治療し健康体の者とするほかの役割をもつ収容所が設立されるなど、事業の改善を見た。その一つに東京府知事大久保一翁（いちおう）により創建された公共的救済機関としての養育院も含まれている

けれども、それらの事業はその意図においては、近代的国家ならびに都市の任務として認めらるるものであっても、その救護対象に対して何らかの社会病理学的認識にもとづく専門的な処遇の企てではなく、自然発生的な収容所に過ぎなかったのである

（『養育院六十年史』には、「養育院創立数年間の施設は、直接生活上の現実的救護を主とした。即ち第一は経済的にて、先ず壮健者は院外において人足その他に力役せしめ、院内にも授産の趣意より種々の手工業を設備し、両者とも必ずその所得を積立て、将来的に独立できるような生計となるよう導こうとした。第二は医療的にて病弱者を治療し健康体のものとするにあった。ただし、心理的方面の精神修養を為そうとする余裕はなかった」と記されている）

大久保論文にみられるように、明治初期の貧民救済は、江戸幕府の物的金銭的遺産を引き継いで行われている。寛政の改革で有名な松平定信が江戸の地主負担で町の必要経費を積み立てた「七分積金」とそれを運用する町会所、あるいはその後に営繕会議所がこれである。

ちなみに、明治に入り東京府知事となる大久保一翁は、安政四年（一八五七年）に大久保忠寛（ただひろ）という名前であったが、小石川療養所を西洋的に改造する「病幼院創立意見」を提案していたとされて

いる。のちに忠寛は名を一翁と改め、江戸城無血開城に若年寄として立ち会った後に「七分積金」を江戸幕府から明治新政府に引き継がせ、明治五年に東京府知事に就任すると、新たに営繕会議所を設け、共有金の残部をそこに公布し、市内諸修繕費の基本とすると共に、管理を委ねようとしている。同年九月には同会議所に命じ、東京市内における窮民救助の方法を諮問した。

営繕会議所は種々協議の結果、窮民救助のため職を与えることとなり「新たに工場を起こし窮民を雇い入れること。この工場に一時に全部を働かせることは困難であるから、別に会社を起こし人夫供給の道を講ずること。身体に障がいがある者や高齢者、幼児など全然働くことのできぬ者のために収容所を設けること」の三カ条を府知事に答申し、三カ条はいずれも採用され、ここに東京府養育院と東京府病院が設立されたとのことである。事業開始の地は本郷加賀藩邸跡（現東京大学）の空き長屋であった。

この大久保一翁府知事が事業拡充の方策に出たのが明治七年、五十四歳の時である。

明治七年十一月の出来事は白石喜太郎著『渋沢栄一翁』（昭和八年刊）に次のように記されている。

同年同月に渋沢は、東京府知事大久保一翁から旧江戸市民共有金の取締り役を委託された。これが渋沢が社会事業に関係するに至った最初である

共有金とは松平忠信、隠居して白河楽翁と称えられた賢人たちの遺したものである。江戸の町政を改革し町費を節約し其の剰余を積立て、さらに官金を下付し、「備荒貯蓄」すなわち凶作飢饉に備え金銭を貯蔵する資金とした。しかも、永久に増殖を図らせた所謂「七分金」の後身であって、維新後東京府の保管に属し、府は共有金として管理し、これを利用して各般の公益事業、即ち東京市内の橋梁修理、共同墓地

の経営、瓦斯（ガス）事業の施設経営等を行った。これを渋沢が一手に引き受けたのである

その一つに東京養育院の事業があった。渋沢と養育院との関係はこの時に始まる。渋沢は三十五歳、当初は養育院事務長という職名であった。

大久保先生は、渋沢を次のように評価している。

渋沢翁が実業界への華々しきスタートを切ったと同時に、社会事業にも関与し、近世日本の興隆のため各般の会社事業に鋭意努力する間、常に平行線的に尽力し来った社会事業に対する貢献の第一歩を、東京市養育院に印したことだけでも意味深きものがある。いわんや爾来六十年、実業界の関係を絶ってより二十数年後も、なおかつ養育院院長として直接指導の任にあたったことを考えると、のちに自ら述懐される通り「決して尋常一様のものでなく」その因縁の容易ならざることを浸みじみと私は感じるのである

渋沢自身も、『回顧五十年』に自ら次のように語っている。

…其の後営繕会議所は明治十一年に名を東京商法会議所と改め、その議員は府より任命せられて府知事の諮問機関となった。しかし前から行っていた各種の直営事業はやはりこの新会議所に属しておったから、諮問機関であると同時に執行機関でもあるという奇観を呈したのである。当時私はその頃新設せられた第一国立銀行の頭取を勤めていたが、本業のかたわら時々会議所にも出席していたのである。しかして議員等は、会議所が諮問機関でありながら執行機関であることを不可なりとして、ついに知事の同意を得て執行に関する実務は東京府（行政）の管理に属することとし、会議所は単に知事の諮問に応じることに改正した

しかし私ひとりだけは、一方議員として会議にかかわると共に、他方には養育院の院長（実質的には）、瓦斯（ガス）局の局長、商法講習所の評議員に東京府知事から任ぜられて、その実務に所掌したのである。明治十二年に府県会の制度が設けられ、また別に商法講習所改め商法会議所なるものができて、講習所の仕事は商法会議所において監督し、瓦斯局は東京府の事務に移り、養育院も東京会議所の手を離れて府知事の管理となり、特に院長を置きて私がその任を担当することとなったのであるが、しかもこれに要する経費はやはり共有金から支出していたのである

この逸話を大久保先生は紹介し、次のように強調する。

渋沢翁がかかる地位に就かれたのは、単なる有力者としてではなく、新しき経世家 ― 具体的に言えば勃興しつつある日本資本主義が必然的に産み出すべき新しき社会関係（引用者注・社会問題）を洞察し、異常に複雑化し緊張せる国民の社会生活に対応して、この制度の担当者が早晩自ら取上げなければならぬ「社会政策」の必要をいち早く悟ったところのポリティシァン（政治をつかさどる人、むしろ大久保先生は実践者の意味合いで使われたと思う）として先頭に立たされたのである

渋沢翁による『青淵（渋沢翁自身の通称）回顧録』中のご自身の言葉に留意すべきであろう

「養育院の事業に対してはむろん経験などのあろうはずは無いが、社会政策として、かくの如き事業はぜひとも発達せしめなければならぬとの考えは有っておったので、忙しい私の身体として養育院の事業に関与する事は、単に一身上から見れば不利ではあるけれども、社会のためと思って進んで院長をお引き受けしたわけである」

第二節　養育院長としての社会事業従事

渋沢はどのように東京の養育院にかかわり、どのような仕事をしたであろうか。大久保先生は、論文の中に「渋沢翁の社会事業観」と題した章を設け、渋沢自身による『青淵回顧録』、青淵とは「せいえん」と読み、渋沢の妻千代の兄・尾高惇忠（おだか　あつただ）が名づけし、渋沢が自称した雅号（ペンネーム）である、そこに次の通り自ら語っているのが紹介されている。この当時の養育院は上野に移転している。

それで実地観察の為に初めて上野の収容所に行ってみたが、その実情を見てまったく情けなく感じた創業の際ではあり、経費も十分でないから万事が不完全であるのはやむを得ないが、上野の養育院には、定職をもたずぶらぶらと暮らす「ふうてん」の人、精神的な疾病のある人、精神的混乱を呈している人など混同しており、とても乱雑を極めている

いかに無料で収容しているにしても、これではあまりにも心無き仕方であると考えた。そこで、まず第一に救養方法を区別することとし、収容所の中を、子ども、老衰者、一時病気で生活の道を失った者の三類に区別し、働ける者には職業を与えるように骨を折り、子どもに対しては相当の教育を施すことにしたとくにその中でも子どものことについては、いくつもの研究を行った。なぜかというと、養育院に入院する子どもの多くは棄児であるからである。とにかく棄児の発育が十分でなく、好結果を得るに困難であ

ることは、事物の進歩せぬその当時にあってはむしろ当然とされていたのであるが、それは主として食べ物と住居の悪影響が原因となっていた。そのころ養育院に収容した子どもは、私の眼から見れば特に悪い様に思われた。貧民が群居する地域の子どもに比較しても発育が悪いし、挙動が活発でないし、接していて何となく気の重い所がある。栄養不良の為ではないかと思って、この点も研究してみたがそうでもない。どうも不審であると思って、さらに研究を進めた結果、ようやくその原因を発見した

一般世間の温かい家庭に育つ子どもには、すねる、はねる、甘えるという自由さがある。笑うのも泣くのも自分の欲望を父母に訴えてこれを満たし、あるいは満たそうとする一つの楽しみから出ている。しかし養育院の子どもにはそれ等の愉快がなく、また自由さもない。それに誰を頼ろうという対象者もないので、自然に活動が不活発となり、幼いながらも孤独の寂しさを感じるようになる。それがひいては子どもの発育に大関係があることを知った。それでこれらの子どもを順調に発育させ、伸び伸びとした気持で世の中に出るようにさせなければならぬと考え、それには家庭的の親しみと楽しみとを享受させるのが最もかんじんであると思った

そこで書記職員の一人にいわば父親の役をするように注意させ、毎日せんべいやさつまいも等をその書記の手から与えて、次第に子どもと接近させるようにし、時にはこれらの子どもの遊び相手となって親しみを増させるようにしたのである。この方法を実行してみると、なかなか成績が良く、今まで沈みがちであった気持もなおり、発育の方も以前よりは余程良くなってきた。そしてついには、子どもらも親のようにその係の職員を尊敬し、喜ばしい時もまた何やかやの不平なども、すべて遠慮なく訴えるようになった。

その成績が良いのでその後引き続きこの制度を採用しているが、この点は私が幼童者（幼児）を取扱う点についての発見であるといっても差支えないと思うている

今日の児童支援論に反映させながら、渋沢院長の「棄児支援法」をもう少し深く知りたいところであるが、紙幅の関係があり、ここでは、明治から大正の時代における収容施設での子育て論を説く渋沢の愛情と見識、そして子どもを成長させたいという思いを察するにとどめることとする。この渋沢の孤児の不活発な様子に対する心痛ぶりは、会津若松で孤児支援のため活躍していた瓜生　岩（うりゅう　いわ）通称・岩子を明治二十三年に幼童世話掛長として一時招へいしたことで有名である。

渋沢は養育院では、昭和六年逝去に至るまで院長と呼ばれ親しまれることとなる。大久保先生は次のように評価している。

明治維新の偉業の一つは非合理的な身分制の打破であった。新しき資本制生産が要求する労働力の自由提供を表式化するところの「四民平等」―これが市民社会における人道主義の内容である―の思想の登場であった。しかしてこの思想は我等の先覚者渋沢栄一その人の中に最も早く最も具体的に発現しているのである

四民平等とは、明治政府の掲げた政策のひとつで、今日的に言えば江戸時代は武士が農民、職人、商人を支配してきたのを国民はすべて平等だと定めたことを意味し、まず渋沢らが実業の世界に入り、さらに慈善事業の世界にあっても四民平等を実践してきたことを高く評価している言葉であり、出来事である。

ところが、渋沢による養育院の運営は決して順風漫歩でなかった。養育院事業を渋沢のもとで支えていた田中太郎は、後に養育院機関誌「救護事業」（昭和四年一月号）に次のとおり振り返っている。

青淵先生が養育院事業に関係せられたのは明治七年であって、当時はなお王政維新直後のことで旧制度破壊の後を受け世相暗たん・百事草創の際であったから、社会事業のごとき、もとより一般世人の必要視せざりしところなるは勿論、いわゆる有識者の間においても救済事業のごときは好事家の閑事業であると見なし、あえて一顧だも与えざりし時代であった。しかるにこの時代において、先生は早くもすでにこの種の社会事業の緊要欠くべからざるを看破して、当時の府立養育院長の職に就き経営に尽瘁せられたのであった。然るに其後約十年にして図らずも東京府会議員間に於て窮民救助は惰民養成の愚策なり、よろしく養育院を廃止すべしという議論を唱えるものを生じ、これがために廃止の運命に逢着したのである

ここにおいて先生は奮然として将来必らずやこの種の事業が益々拡張の必要を生ずるに至るべきを有志の間に奮闘力説し、ついに養育院を公設民営事業として継続し、自らその責務にあたられたのである

田中氏の論稿には解説が必要である。渋沢にとっても、養育院にとっても、超重大事が生じたのである。次にくわしく物語りたい。

『養育院史』によると、明治十三年に東京府会などで沼間守一、田口卯吉議員が論陣を張り、「窮民救助」は惰民養成の愚策なり、よろしく養育院を廃止すべし、そして「税金を使って、貧乏で働けない人を養育することは怠け者を作ることになり、税金で養うべきではない」と演説したという。渋沢は、政治は論語でいう仁（人への親愛の情、優しさ）にもとづいて行うのは当然と主張した。しかし、明治十八年に税からの運

営費支出が止められ、養育院は公営を廃止されてしまった。

養育院運営を継続するため、直後に経営責任を東京府から委任を受けた渋沢と仲間たちは、同年に養育院委員会を有志で編成し、施設を本所に移転し、土地の売却、利子、慈善バザー、寄付、皇室の援助などで運営を開始した。

苦しい経営を強いられながら運営を継続し、養育院公営化を求める建議書を作成し、提出した。これを東京市が認め、東京市からの委託を取り結ぶことができた。府議会で議論となってから、ほぼ十年を要した。その際には院長は渋沢栄一と正式に認められた。明治二十三年、四十九歳の時である。

これ以降も、渋沢の施設運営、なかでも児童養護活動は続けられていく。とくに、渋沢が日本の感化事業に先駆けしたことを渋沢のもとで運営を補佐した田中氏は次のように伝えている。

日本における感化事業の創設は、すでに活動していた一、二小規模の私立団体の事業は例外とし、公共団体の事業としては実に明治三十三年に青淵先生が養育院内に感化部を附設されたことをもって、鏑矢（かぶらや・一番目のこと）とする。しかもその創設の案件は早くも明治三十一年中、養育院長たる先生の首唱によって東京市会に提案せられてすでに決定をみていたので、今日の感化法（明治三十三年制定）はその後において公布せられたものである
このように紹介し、当時渋沢がスピーチした内容を大久保先生は引用している。

「…こういうようなわけで、養育院も今では土地建物を時価に換算して約十万円ほど、公債証書で二十万円ほど、両方合せて約三十万円ばかりの基本財産ができているのであるから、今日の規模に止めれば独立せ

られぬこともないが、養育院を完全な姿にするにはどうしてもこれを三部に分けなければならぬと考える。すなわち、その一は老衰の貧民、その二は行路病者（病気をしていて、しかも行く先のない人）、その三は棄児及び窮児が入る感化部である。その中で最も大切なのは　窮児及び棄児を収容する感化部である

これは前途に多くの望みのある小児で、将来は立派な国民となるものであるから、息をする力が弱く、呼吸が今にも止まりそうな引取人のない行路病者や老衰者等と同一の所に養うのははなはだよろしくない。それからこれまで養育しているのはほとんど棄児であるが、感化院においては市中を徘徊している不良少年を収容して、これを教養したいと思うのである。今日東京市中において宿無しと称せられる不良少年で、かっぱらいとか、靴拾いとか、もっと幼稚な所で物乞いの看板に使われている子ども等は、放っておくと何れも将来社会に害毒を流す卵である

こういう人たちが大いに悪化して進む順序を調べてみると、実に恐るべきものがある。バカな人は泥棒の手先になって火をつける。多少目先の利く人はスリとなり人の大勢集まる所へ行って懐中物（かいちゅうもの）をゆすり取る。なおそれが段々増長して窃盗（せっとう）となり、強盗となる。かような恐るべき社会に害毒を流す不良少年を年少で変化のきく間に悪い要素をつみ取って、良民に養成するのが感化部の目的であるが、養育院においては現在その設備がないのである。これが従来私の最も遺憾に思うておった点であって、ぜひともこの設備を整えて養育院本来の使命をまっとうしたいと心がけている次第である

つまり、養育院は博愛済衆（人々を博愛し救済する）の主義から出発したものであるが、その本来の使命はただ単にそればかりでなく、社会の害悪を未発又は未然に防止する役割がある。社会の上からいうと

他を愛するのみならず、自らを愛することができる人を育てる、これをぜひともやらねばならぬものである

すなわち感化事業は、慈善事業（後に社会事業という）の中でも最も重要なものと私は思うのである。慈善という事はあえて養育院に限ったわけではないが、養育院は慈善のためにつくったのであって、しかも非常に重大な社会政策を意味しているものである。近頃、社会問題の研究がすこぶる盛んになってきたのは喜ばしい傾向であるが、それにつけてもこの慈善ということについて、真先に社会上かつは経済上の問題として研究してもらいたいと思う」

大久保先生は、この渋沢発言を記した後、養育院史のうえで渋沢の「このような進歩的で指導的な社会事業に対する熱意によって、養育院は次々とあらゆる困難を押し切って院内収容の分化と発展拡充がなされるにいたったのである」。また、「むろんすでに四十年以前の談話は今日（昭和の時代）においては、そのまま受け入れられぬ思想があるにしても、われわれは（渋沢の）明確な社会事業思想を把握し得ると思う」と評している。

第三節　社会事業のリーダーとしての活躍と情熱

渋沢栄一を語るのにぜひとも紹介すべきなのは、明治四十一年十月、渋沢六十八歳の時に正式発足をみた中央慈善協会（後に中央社会事業協会と改称し、第二次大戦後に全国社会福祉協議会として再編成される）

での活動である。

大久保満彦先生は、渋沢と東京の養育院との関係性に着目され論文執筆されていたので、当該論文ではこの活動には触れられていないが、実は渋沢の社会事業従事者としての姿には、一事業所で対象者に接する際の考え方や思想が発露されていると共に、その従事者間に情報や意見を交流交歓させていく大きな組織体を整えてきた功績を無視できないと思う。従事者間の意思疎通は、同じ組織でも、また別々の組織でも行われていく。そうすることで生まれる相互研さんや事業の伸展は、渋沢（たち）が明治の時代・社会事業成立の時代から生み出してきたものである。

また、今節後半に記すが、生活困窮者に社会的援護を提供する救護法の制定とその実施をめぐり発揮された渋沢たちの活動力には、政治と行政、そしてむしろ人を動かす力が社会福祉事業に欠かせないことが発露されている。

そういう点では、ここまでの節で筆者は社会事業従事者として、あるいは事業経営者、そして運営責任者として渋沢を紹介したが、この節では、今日的にいえば、専門職連携者および人材・指導者を育成するリーダーとしての渋沢が強調されることとなる。

第二次世界大戦後に編集された資料集『社会保障前史』には、中央慈善協会の発足について、大要次のように記録されている。現代表記で編集し記した。ある場合には文章の流れを簡略化させた箇所もある。ご寛恕ください。

中央慈善協会の設立準備は、大阪での会合で明治三十六年中に概ね整い、あとは発表するばかりとなっていたが、日露戦争が起きるに及んで、その発表は時期を待つことにされた…

戦争後、明治四十年四月にいたり、創立委員たる久米金弥、窪田静太郎、井上友一、清野長太郎、桑田熊蔵、安達憲忠、留岡幸助、原胤昭等の諸氏は、協会創立のことを清浦子爵、渋沢男爵の両氏に相談し、しばしば会合を重ねた。とくに広く全国の名士に発起人たらんことを求め（むしろ広報し）、同年十一月九日、第一回発起人会を開き創立手続順序について協議した。そこで、政府においてはじめて感化救済事業講習会を明治四十一年九月より十月にわたり東京で開催することになり、慈善事業に従事している人が多数上京する予定となったので、これを機会として慈善事業協会の発会式を行うことに決め、明治四十一年十月七日に国学院講堂において会が挙行された

当日は、平田東助内務大臣、小松原英太郎文部大臣、岡部長職司法大臣、後藤新平逓信大臣等が出席し祝辞演説を述べ、また田中光顕宮内大臣からは書面祝辞が寄せられた。発会式では、渋沢男爵が協会設立の趣旨と開会あいさつを行い、清浦子爵は閉会の辞を述べた

この日、発起人会の決議によって、会長渋沢、顧問に清浦、幹事に前記の創立委員九名が嘱託された。そして幹事会で幹事長に久米、常務幹事に原が推され、この結果、原氏は長年にわたり協会の事務諸般を処理するところとなった。評議員には三十七名が推薦された。さらに、機関誌として一年四回「慈善」を発行すること等が決定された

ここで注目したいのは、役員構成の様子である。概ね、大臣あるいは官僚もしくはその経験者と慈善事業

経営者に分けることができる（順不同、姓と社会的立場のみ）。

会長　渋沢　男爵、東京市養育院長
顧問　清浦　子爵、元総理大臣
幹事長　久米　元内務官僚、清浦の盟友
幹事　井上　内務官僚、東京府前知事
　窪田　内務官僚、保健衛生制度確立、貧民研究会を結成、工場法制定推進
　留岡　東京家庭学校と北海道家庭学校創始運営者、感化教育・児童援護第一人者
　安達　東京市養育院幹事、里親制度の開拓、感化教育等に従事
　原　教戒師、出獄人保護所創立
　清野　内務官僚、知事歴任、後に関東大震災復興推進
　桑田　法学者社会政策学者　工場法制定に尽力
　中川　内務官僚、知事歴任　後に日本赤十字社副社長

慈善組織協会での渋沢の会長としての「開会の辞」は、力のこもった演説となっている。いま、渋沢を知る一助として、このスピーチをできるだけ原文のままの表記で抄録し、いくつかのスポットに【　】を設け解説し、読者に注目していただくことにする。

元来ひとつの事柄を企てまして、その進行を図りまするには、当事者から考えますると、世間が十分同情を表さねばその事柄は完全に進み、穏健に拡張はしかねるものでございます。…慈善事業のごときも、

社会に慈善事業の観念が強くなって、慈善事業の方法を十分に熟知され、その指導を受けるにおいて初めて慈善事業が発達もし、完全の域に達すると思うのでございます。ゆえに、かかる事柄はその当事者（従事者）自身が精神をこめ久しくして屈せぬということは論を待ちませんけれども、ただ単に当事者が努励むのみで事業が十分に功を奏するというものではない。【社会事業には理解者、協力者や賛同者が必要であり、その上での実践の継続と拡大が欠かせないことを主張されている】

すなわち（草木の育ちを例にすると）社会の太陽の光、社会の雨量の恩が重なって、その当事者の努励むのを大いに増長するのでなければいかぬと思うのでございます

この中央慈善協会を設立するということも、望むらくはこの社会をして、慈善というものはいかなるものであるか、慈善の性質はどう解釈してよろしいか、慈善の行い方について一般に人々の目もこえ耳も進みましたならば、その事業も必ず進むであろうと思いますので、中央慈善協会の将来は自らも進み、社会も進むということに進路を取りたいと祈念いたすのでございます。【社会の中で評価され理解され協力を広げる活動をしたいと呼びかけられている】

…この慈善ということについては、ただ単に（個人の謙虚な）惻隠の心と（自分の幸せを）喜捨し（人に）施与する情ばかりで必ず世に益あるというまでに届くかということは断言いたしかねるように思うのでございます。自己の心を慰むるにおいてはよろしいけれども、世の公益をなすという点にいたっては、これは満足と申せぬように考えるのでございます。【個人個人の善意を尊重するのは大切であるが、どのように対象者の具体的救済を行うのか、世の公益に役立てるのかが社会にとっては肝心・欠かせないこと

を説かれている】

とくにこの世の中が、富も増し文明も進んでいけば窮迫はまず減じてよいという一通りの解釈は生じますけれども、これはほとんど其の一を論じて其の二を究めぬ説になるのでございます。文明が進み富が増すほど貧富の懸隔がはなはだしくなるということは、洋の東西を問わず、時の古今を論ぜず、事実がそこへ証拠立てているように思われます。【慈善事業、後の社会事業の対象の生じ方と増え方にこそ着目し、対象援護への備えの拡充が重要となることを説かれようとしている】

現にこの短い期間、我が国の首府たる東京において一例をあげて申しましても証明されるのである。東京市の人口が百万ないし百二三十万の時代、富の程度も今日よりははるかに下級にあった明治二十年以前のありさまと、二百万以上の人口になって、富の程度も数倍増したる今日と比べましたならば貧困にある人の数がいかなる差をなしているか、養育院へ行ってご覧なさるとすぐわかる。総計で五六百人であったのが今日は千六百余人の入院者がある

養育院の千六百人の入院者はみな養育院のみの力で養っているのではございませぬ。養育院で救うのと東京市から特に費用を出しますのと、東京府から費用を出しますのと各種ございますが、その貧困者は一の養育院にしてなお三層倍になっている

そのように貧困者が増えたということは、東京がはなはだ貧困におちいったかと思われるが、そうではなく東京は大変に富んでいる、富も増した。文明も進んだ。貧困者が多くなったというならば、すなわち文明が進み富が増せば貧困者が増えるということになるのである。私の言葉がいつわりでないことがわか

ろうと思う。【経済人でもある渋沢の真骨頂の発言である。経済の富裕化におぼれてはいけない、社会に生きる人間として貧困・貧困者を生み出す現実を看過してはいけないとの警鐘と考えられる】

…これは差しさわりのある言葉になるかしれませんが、前に申す通り、ただ惻隠の心とかあるいは喜捨施与というその一つによって発動されただけの慈善の方法は、決して（いま必要な）組織的経済的に働かれておらぬ（組織的経済的に効果のあることではない）ということを、残念ながら申し上げざるを得ぬのでございます。

ここで、渋沢は、さらに一時だけの「思いつき慈善」あるいは「名聞（名誉欲しさの）慈善」が社会的に認められるけれども、「慈善心の無いに比べては勝ることは万々である。しかしながら前に申す組織的経済的にこの名聞慈善などが働けるかというと残念ながら否とお答えするほかない」と述べ、次のように提案している。

どうしてもこの慈善ということをして真に有効ならしむるには経済的慈善たらざるを得まいと思うのでございます

…この中央慈善協会が果たしてその真理を見開き、その必要のことが履行せられるや否は今日すぐには期しかねますけれども、中央慈善協会の発意は、まさにこの慈善をして、いかにも道理正しく組織的に経済的に進歩拡張していきたいという考えでございます。【慈善活動への社会での組織連携と研究、そして啓発活動の大切さ、さらに経済力の発動が説かれている】

渋沢はこのために示されている協会の設立目的を念頭にスピーチしていると考えられる。すなわち、「設

立趣意書」には、「ここに中央慈善協会を組織してまず左に掲げる事項を遂行し…」とあり、
一　国の内外における慈恵救済事業の方法状況およびその得失を調査報告すること
一　慈善団体の統一した慈善活動の実施を期し、団体相互の連絡を図ること
一　慈善団体と慈善家との連絡を図ること
一　慈善救済事業を指導奨励し、これに関する行政を翼賛する（力を添えて助ける）こと

この発足式には当然として、全国各地で活躍する慈善事業の運営者や活動家が多数参加する一方で、行政関係者も多く参列したと伝えられている。

渋沢の社会事業家としての熱き思いと行動を伝える逸話を最後に紹介したい。

すなわち明治と大正を通じ、貧困者・貧窮対策に参画してきた人たちからすれば、欧米のイギリスやアメリカのように、公共責任においてこそ対策を講じるべきであるという声が幾度となく発せられてきたのだが、昭和に入り、社会状況もいっそう混乱する中で、「救護法」制定運動が民間において、そして各地の方面委員の人たちからも強く要請されるようになった。これを受けて、渋沢は昭和四年二月（当時八十八歳）に全国慈善事業協会改め中央社会事業協会の会長名で内閣総理大臣、内務大臣、大蔵大臣宛に次の「建議書」を提出している。

近年わが国における社会的経済的事情の激変は、貧富の懸隔をますますはなはだしくし、いわゆる救護の対象とすべきものを続出している。誠に憂慮にたえない

今や公私を問わず救護に関係する各社会施設は鋭意、救済に努力しつつあるが、その規模小にして資力薄弱なるもの多く、とうてい時勢の急要に応じることができないのみならず、今後はますます社会生活の脅威を受けるもの多きを加え、ためにいっそう人心を不安ならしめ世相を険悪におちいらせる恐れがある

これ実にわが国における救護に関する主要なる法規がわずかに明治七年太政官通達として交付された恤救（じゅっきゅう）規則あるのみにして、しかもその内容は陳套（ちんとう　古くさいこと）でかつ不備のままであるので、とうてい社会の現状に適応し時代を匡救（きょうきゅう　悪を正し危機から救う）できるものとはいうことができない

政府においては速やかに世相に適切なる救護法を制定し、これを実施されんことを要望してやまない

右、昭和三年十二月に開催された第一回全国救護事業会議の決議により建議します。

昭和四年二月十四日

財団法人中央社会事業協会々長子爵　渋沢　栄一

内閣総理大臣　田中義一閣下

内　務　大　臣　望月圭介閣下

大　蔵　大　臣　三土忠造閣下

右陳情者　窪田静太郎

侯爵　大久保利武

留岡　幸助

これに対し、法令は国会で審議され、同年四月二日に公布されるが、大蔵大臣が国会答弁で「予算がない」発言をするなどして、施行が確約されなかった。これに対して、大久保先生は次の出来事を論文の中で紹介している。

原　胤昭

渋沢子爵はその逝去（昭和六年　九十一歳）の瞬間まで、社会事業の戦士たるの情熱をもたれていた。すなわち、本邦社会事業史上一大時期を画する「救護法」の制度の実施には実に多くの努力をなされたのであって…ご逝去がその実施にあたって苦心せられた救護法実施に先立つの三ヵ月前であったことも、本邦社会事業からみて、きわめて奇縁のごとく思われるのである

昭和五年もいよいよ歳末に近く、寒さ次第に加わり、巷（ちまた　街の中）には飢餓と寒さとに不平を言って嘆く声が高まった。このありさまを見て、全国の方面委員ならびに社会事業家は、これら無告の窮民を救うために救護法の実施を念願して、幾度目かの会合を開いて、全国各地より代表者が集まった。幾度か集まって熱心に協議し、躍起になって実施を要望したが、たださえ苦しかった国家財政の関係から、救護法実施の望みはほとんど脈が切れた状態であった。事情は諒（りょう　わかる・理解できる）とするも、無い袖はふれない（経済力がない）という当局の態度を見て、一同は最後の望みを子爵に託し、二十名の代表者が挙げて飛鳥山にある渋沢の自宅を訪問した

おりから静養中であった子爵は、飢饉線上に彷徨する（行き交う）これら窮民を救わんために全国より集まった人たちを、ただ帰すに忍びずとなし、執事、看護婦の止めるのもきかず、高熱を帯びたまま応接

間に出て、これらの人々に面会した

この時同席した原泰一氏は、もし病気にさわる事があってはと、面談の時間を五分と限って代表者の人々に堅く約束した

以下は、原泰一の記した文章である。原泰一はこの時四十六歳、中央社会事業協会理事・総務部長をしていた。後に社会事業研究所の創設に携わり、終戦後は、日本赤十字社副社長に就いている。

この限られた五分ではあったが、飢えに迫った全国二十万の同胞を救う救護法の実施達成のため、我を忘れて働く委員の人たちと、平素世のため人のためを思って我を顧みられない老子爵（渋沢）との会見は、実に語るも涙、聞くも涙、そして涙のうら（裡）にすべて知り合う劇的情景であった

委員の涙ながらの訴えを涙で受けられた老子爵は、「私も及ばずながら今まで社会事業に尽くしてきたものであるから、よく諸君の真意がわかりました。この老躯（ろうく　老体）で何の足しになるか知れませんが、兎に角できるだけは致します。それは、私の義務であります」と誓われた。委員の人たちが憂愁の中に喜びの色を湛えて屋敷を辞せられるや、子爵は直ちに執事に命じて、内相と蔵相に電話をかけて面会を申し込まれたのであった

執事、看護婦は驚いた。熱のあるところを強いて面会されただけでも非常に無理であったのに、今またこの寒空にたとえ自動車とはいえ、外出せられるということは、思いも及ばぬことであった。どうしてもお引止めしなければならぬ。言葉をつくし、手段をつくした。それでも老子爵が厳として命令を撤回せられぬので、医師に電話をかけたところ医師も勿論極力これをお止めした

そのとき老子爵は、「皆には私の心持がわからない。全国二十万の人の助かるために働いて、それで私の身体にもしものことがあったならば、それは私の本懐なのだ。」

ついに子爵は、医師、看護婦、そして家人の反対を押切って、寒さの中を熱のある老躯をひっさげて内相（内務大臣）邸へ向われたのであった

その後、そのときの訪問について、子爵は「安達内相はよく私の願望をのみこんでくれたが、井上蔵相には容易にわかってもらえなかった。」と物語られたのであった

大久保先生は、「原氏が記している通り、真に文字通りの命がけであった。この子爵の誠意はこれに対した人々にどう写ったであろうか」と述べ、安達内相が後日、次のとおり語った言葉で論稿を締めくくっている。

「昨年の暮れのある寒い日であった。私は突然渋沢子爵から面会したいとの電話を受けました。寒い折でもあるし、殊に（ことに）引籠って（ひきこもって）おられると承知しておったので、ご用があれば私の方から伺いましょうと申したところが『いや私の方から頼む用事であるから、此の方から伺います』ということであった。私は今さらのようにその礼儀正しくへりくだった態度に厚い老子爵の上を思うて、お待ちしているると間もなく訪ねて来られました。きちんと羽織袴をつけて居られますけれども、御髭も生えたままで、病中を無理に押して来られた痛々しい御姿であったのであります

さて老子爵は、『きょう全国の方面委員の代表者が訪ねて来られて、目下全国二万の方面委員が世話している無告の窮身（きゅうしん　貧窮に苦しむ人）が、約二十万人近くあって、その人たちがはなはだしい窮

乏におちいっている。これを救うために、すでに制定された救護法があるのであるから、是非この法律を実施してもらいたいと、一生懸命当局へお願いしているのであるが、財政窮乏のおりから中々むずかしいようである。といってこの人たちを餓死せしむることは誠に忍びないことであるから、私にもぜひ加勢をせよとの懇望（こんぼう　ひたすら願い望むこと）であった

むろん私も直接多少社会事業に関係しておるので、それは方面委員諸君に頼まれるまでもなく、私の責任でもあると申して、お引受けをしましたので、引籠中（ひきこもりちゅう）、こんなむさくるしい風を致しておりますが、あえてすぐこちらへまかり出た次第である。どうか当局大臣として、此の二十万の同胞を飢餓から救うために、ぜひ救護法の実施に尽力されたい』と誠心をこめて申されました。私は思わず頭を下げました

実際あの老躯でこの寒中病を押して、同胞を救うために苦痛を忘れ、態々訪ねて来られたその至誠、その熱情を思うと、心底敬意を表さずにはおられなかったのであります

その救護法も老子爵始め、方面委員諸君の願いが叶って、愈々之を実施される運びとなって、其の日も来月に迫っている今日、私はその当時を思い出して、感慨無量であります」と当時の国の責任者、当時の内務大臣安達謙蔵氏は回顧されているのである。

第二章　渋沢栄一に学ぶ

――社会福祉事業に従事する素養と要件

渋沢の社会事業従事者としての歩みと様子をさまざまに物語ってきた。初めの一歩が明治七年東京府知事から養育院の事務長として委託を受けた（運営責任者であることから「院長」と呼ばれる）時とすると、西暦でわかりやすく数えると、一八七四年から一九三一年逝去まで約五十七年間の社会福祉事業従事であり、私たちの現在二〇二四年からすると、ちょうど一五〇年前のできごとにあたる。

この歩みを今日の私たちの社会福祉事業従事から考え、渋沢の偉大さに学ぶとすれば、少なくとも四つの大事を成し遂げた人として顕彰することができると思う。

一　社会正義をつらぬく心の持ち主　―　例　救貧法の制度化と実施を推進した

二　人への愛情と愛着をそなえた人　―　例　孤児棄児への支援の充実を図った

三　社会をみる眼差しと人の生活への洞察力にすぐれた人

―　例　中央慈善協会発足式での発言

四　仲間や後継者をつくり連携するのに成功した人

——例　養育院、中央慈善協会、中央社会事業協会での活動

次にひとつずつ、社会福祉事業に従事した先覚者である渋沢栄一の素養・人格へのふり返りをしておきたい。

一　社会正義をつらぬく心の持ち主　——例　救貧法の制度化と実施を推進した

日本の資本主義社会の成立を目的として経済官僚として政府内部で諸政策立案を担当し、その後に実業界にあって第一国立銀行（現・みずほ銀行）や東京商法会議所（現・東京商工会議所）の成り立ちにおいて牽引力・推進力となった（その後、設立・経営にかかわった企業は約五〇〇社ともいわれている）人物が、その社会がおちいる貧困問題を見抜いていた…そう表現すると、世の中には、疑問をもつ人が生じるかもしれない。

しかし、渋沢たちは社会政策といっていた、いまの時代では社会科学というが、この分野では、明治中期そして大正時代から昭和に入るにつれて、人々の貧困は資本主義社会が必然的に生み出す社会問題、そして社会的諸問題を生じるという理解がいきわたっていく。それ以前からの…明治初期からの、渋沢の所見はその意味では「卓見」であったといえよう。

大久保先生は、昭和十六年の論文で特に次のように称賛されている。

「社会事業史上における渋沢翁については…その偉大な行跡の基礎となれるものは実に翁の『人格』に存したのである。翁は単なる資本主義発展期における『商傑』ではない。翁はすでに英米における資本主義の発

展に照応して集積されたる、近代的貧困の激成のいかに悲惨なるかを知っておられた。産業社会の発展に伴う不可避なる貧富の懸隔とその思想の対立、大衆生活の窮乏化の惨ましい激化を常に憂慮されたのであった」とし、渋沢は「一つは、輝ける資本主義の原動力として日本の金融産業の指導者として、他は、社会事業家として資本主義社会の矛盾なき発展を深慮される一世の指導者として、高き人格の力をもってこの一見矛盾にみえる二つの面にふとう不屈の努力を惜しまなかった九十二年の生涯だった」と考えると評されている。

このことは、特に明治四十一年渋沢が会長となり活動を開始した中央慈善協会発会式にも渋沢自身の口から明言されていた――「文明が進み富が増すほど貧富の懸隔がはなはだしくなるということは、洋の東西を問わず、時の古今を論ぜず、事実がそこへ証拠立てているように思われます」（再掲）。それゆえ、渋沢は日本の国において必要なのは組織的経済的に効果のある慈善事業（のちの社会事業と同意味と思料される）である――と。

当然、渋沢としては、青年時代に慶応三年からパリで行われた万国博覧会の随員としてフランス、そしてヨーロッパ諸国を一年半の間訪問したのを手始めに、海外事情の研究や視察を重ね、資本主義先進諸国の実情をふまえたものと考えられるが、一方で、インフレや物価高で困窮する日本の庶民生活の様子からも富裕なわけでない人たちが増えることを感じとっていたと考えられる。この渋沢の意外な側面あるいは時代を見通す能力は、すでに生前に認められていた。

渋沢が逝去した昭和六年開催された追悼講演会で時の内閣総理大臣若槻禮次郎は、次のとおり語っている。

私の申し上げてみたいことは、翁の九十余年の生涯は、幾多の変遷を経ておられるごとく見えるのでありますが、その変遷の間にあって、終始一貫変わらざるものがあったと思うことであります。故子爵は早くから野に下りまして、実業界に身を投ぜられたのでありますが、その志は決して営利貨殖（かしょく自分の財産をふやすこと）にあったのでなかったことは勿論でありまして、国家の将来時勢の大局を達観せられて、商工業その他の産業を振興することが、国家隆昌の上において、最も必要なるにかかわらず、当時官尊民卑の風盛であって、一世の俊秀皆こぞって朝に上り、一人のこれに従うものなきを見て、（官僚の職を辞し民間に下野し）身をもってこれに当たらんとしたのであって、その志は一に経国済民にあったのであると思うのであります

この経国済民ということ、これが翁の生涯を通じて終生変わらなかった理想であり、指導精神であったと思うのであります。ゆえに、世相が変じて、社会問題が台頭して、これが治国の眼目となるにいたれば、率先してこれにかかり、対支対米の問題が国家の運命に関する大問題となるに至れば、また進んでこれに当たるという具合に、その関係されたところ多方面でありますが、いずれも皆これその経国済民という一貫した精神の発露にほかならぬと思われるのであります。故に翁は実業界に入っても実業家とならず、社会事業に尽力しても社会事業家とならず。常に一大経世家たるの態度を失わなかったのであると思うのであります

昭和初めの世情不安の時代を反映して語られているのを察すると、余計に若槻が「慈父と仰がれる」渋沢の貢献を評するのを心して受けとめておきたい。

先ほど述べた「卓見」を自らの行動指針として、また活動の根拠とした渋沢の信念がすばらしい。

二　人への愛情と愛着をそなえた人　―　例　孤児棄児への支援の充実を図った

渋沢が養育院を初視察したとき「上野の収容所に行ってみたが、その実情を見てまったく情けなく感じた…」として、入所者の様子について「乱雑を極めている」と感想を述べるとともに、着任後の養育院では救養方法の区別化を行い、とくに子どもの養育と感化の仕方を充実させてきたことについて語っているのを先に紹介したが、渋沢の着眼点に示されている、人への愛情や愛着は格別なように感じる。

ここでは、それがどこから、どのように生じるのかを考えてみたい。

というのは、人の様子に接しての受けとめや思い方は人それぞれで、その人の個性が最も反映されているから…自由なことであり、それをとやかく言うことではないと、一般的には考えられている。それはそうなのだが、しかし、人の様子を自らの感性で受けとめる場合に、その受けとめ方は「感受性プラス経験」であり、経験によって変化すると考えられる。

はたして、感性での受けとめを人がどのように成長、あるいは変化させていくか—社会福祉事業に従事している筆者の場合に、とても大切な「経験要素」と思われる。渋沢は、この観点からすると、見事に経験を通して感性を保持し、しかも大成されていったと考えられる。

このことは、実は本書の後半、第二部の主要課題の一つであるが、序章でつづった前田秀導がよく叱りつけるように重ねて、筆者に言い放った言葉がある。

障がいのある人を「気の毒だ」「かわいそうだ」と考えるなという人がいる、しかし…気の毒だ、かわいそうだと思うから支援の手を差し伸べて…どこが悪い…

前田と筆者との話し合いは、「かわいそうだ…その善意と愛情から始まる支援が動機もしくはきっかけとなって、私たちが経験を深め、その感受性にとどまっていないで、やがて知識と技能を身につけるとともに、専門職としての認識そして技量として発揮されるものへと成長させればよい」という共通の見解で議論を終結するのがいつものことだった。

つまり、出発は気の毒だ、かわいそうだという人としての同情の思い、あるいはつらさの共感、つまり人としての感受性でよいと思料される。しかし、それが専門性を発揮するべき職業人となった時に、たとえば…ご苦労さま、不自由かけている、困ったことだね、助けようという感性と行動力となってあらわれていく…と、筆者たちはその「情緒と活動力の成長」に期待したいわけである。決して、端緒となった物思いの仕方を忘れ、あるいは軽んじて対人接触を重ねていく、そういう生き方は避けたい、否定したい。

大切なこと、それは、人の様子に接し表情を読みとろうとする、感情を察しようとする、あるいは困りごとを理解しようとする感性の発揮あるいはモチベーションであると考えられないだろうか。そのうえで、自分はどうしようかと判断する、あるいは役割や責任意識においてどのように働きかけようかを考える…そのように作用すること、いわば「よき経験を積み上げる」ことが社会福祉事業従事者としてかけがえのない宝となるのだ。

渋沢にはこの専門職的技量と人間性の深まりが、人への愛情や愛着を基礎とし土台として、経験を積むごとに、まさに宝のように備わっていったと考えられる。

実は、一般に、社会福祉事業に必要なのは知識と技術、あるいはその集大成と言われてきたが、いま言う宝の発揮、これを技術・技量という場合に、スキル Skill でもないテクニック Technic でもない、筆者は Artとして位置づけしている。まぎれもなく、欧米で十九世紀後半から二十世紀はじめにかけて伝えられてきた「アート」である。ナイチンゲールあるいはメアリー・リッチモンド等の時代から使われてきている、アートという言葉とその意味である。

残念ながら、日本語ではアートという場合に芸術・美術等を指すと一概に理解されているので、社会福祉のことばとしては、翻訳しにくく使いにくい「アート」なのだが。この技術 Art を身につけ、伸ばしていって本来の専門職としての成長が可能になると考えられる。

蛇足ながら、たとえば医師や看護師等に要求されるスキル Skill は手技と翻訳されている。同様に利用者に心地よく歩行や更衣を介助支援するスキルは介護福祉士の基本とされている。スキルは手順にそって…仕事する「技術」である。上手に行為するテクニック Technic も技術であり、社会福祉事業従事には決して手放せない。

しかし、情緒や情動をもつ「人」の様子や人のニーズにそって支援行為をしていこうとする時に、あるいは逆に人の直接的に好まないところだが結果オーライの行為をしていこうとする時に、人の様子や人の本当のニーズ、変化するところを深く知って行為する必要が生じる。この必要性にそって支援する場合 Art と表現してよいと筆者は考えている。立派な技術の発揮である。

渋沢栄一には、ご本人に質問し教わる機会をもたないのだが、前章で語ってきた範囲では、困難にある人を放っておかない信念と放っておけない心情とがあると思料される。人への愛情と愛着をそなえた人と感じるのである。そして、それは社会福祉事業を知っているゆえに、だれ人をも、変化をそなえる「人」としてとらえていると思う。また、…結局…「人が好き」なところからそのすべての人格、行為が出発しているとみることができる。

三　社会をみる眼差しと人の生活への洞察力にすぐれた人 ― 例　中央慈善協会発足式での発言

ここまで記したことですでに明確であると思われる。

渋沢が社会をみる眼差しは、実は、家族にも同僚にも、先輩にも後輩にも注がれていたと考えられる。人を大事に、大切にみて接していく、しかも変化するものとしてとらえている。渋沢のていねいな配慮を感じるのは筆者だけではないと感じる。

筆者の人生の師はこれを「人間学」と称し、人間といわず生命の尊厳視（観）と共に一生身につけていくように教えてくださった。

それはなぜか…人と接している場合に、これらの配慮を忘れてしまっている・あるいは放念してしまっているは通じないからだ。当然、成長はしない、良い変化はしない。

渋沢の場合には、大久保満彦先生の論稿などに学ぶかぎり、国家や社会をつくろうとするモチベーションのもと、人や状況の変化を期し、計画し続けながら、社会的問題や自分（たち）の課題に正面から向き合う姿がみられた。いわば、課題に対峙する力、そして課題に負けない、圧倒されない … 対策を講じ続ける人間性、人間学を学ぶことができると思う。

社会福祉事業への従事には、かけがえのない素養のひとつと考えられる。

四　仲間や後継者をつくり連携するのに成功した人
― 例　養育院、中央慈善協会、中央社会事業協会での活動

渋沢の人脈の豊富さ、そして太さは、渋沢没後十年後の昭和十六年に中央社会事業協会社会事業研究所の一人の研究生、前田秀導の例をとるまでもなく … というところであるが、その人脈は第二次世界大戦敗戦後の日本の復興にまで及んでいたことは、特筆されてよい。

中央社会事業協会も日本赤十字社本社も、あるいは養育院も … 人を得て新しい組織、仕事づくりをされ、国の復興に貢献されてきた。

今から八十年前の例である。

ここで今日の私たちが心したいのは、「人々の生活への洞察」と先ほどくりかえし表現してきたが、個人や家族あるいは地域社会や職場、さまざまにあろうが、その力動性・ダイナミズムにふれる勇気と活動力をこそ、渋沢たちの世代に学ぶべきであると考えるのである。

生活には想像とは異なる臨場感と臨場性がある。それがわかってくることを、筆者は生活のダイナミズムを身につけるといっている。これが渋沢たちの世代には共有されていたかもしれないなと思われる。

ここで、人あるいは生活のダイナミズム（力動性）を身につけるということについて付言したい。

筆者が初めて社会福祉事業の職場・現場に従事したとき、利用者の生活や言動などをめぐってさまざまに疑問や課題を覚えて帰途に着き、夜間にその思いや考え、そして余韻を思い出し、リピートしようとするのだが、現実にはかなわない…的確な考えとならなかったのを覚えている。翌朝の出勤後には現実に対峙し直してみる必要があったのを、いくぶんの口惜しさとなぜだろう感をもって思い出す。

十年くらいしてからであろうか、これは学生時代にある恩師から教わっていたのを思い出した、社会福祉事業に従事する際には…現実のダイナミズム（力動性）を自分の感性（感受性プラス経験）で受けとめられるように、身につけるように…という忠告に相当すると考え直した経緯がある。それからは現実に強くなろうとした、また強くなった。謙虚にナマのダイナミズムに向き合い、感得するようになったのを覚えている。

仲間とともに…理解者を増やし…後継者を育て…おおらかに、ある場合には歴史に残る出来事を起こしながら、渋沢世代が進んだことに深い敬意を表する次第である。

渋沢の行動し成功したダイナミズムにはとても近寄れないが、職場や生活の矛盾や課題に対峙し続けること、あるいは課題に負けない強さを発現しながら、諸活動を成功に導いていくことを、たえず繰り返していきたいなと考えている昨今である。

第二部　社会福祉事業を成功させる原動力

――可能性あふれる活動とするために

第一章　仲間と共に　社会に有益な活動を

――社会福祉法人創設の場合

社会福祉事業に従事する人たちへの提案という目的を併せもつ本書では、第二部のこの章から、読者が社会福祉の仕事に従事してよかった、あるいはいっそう仕事をする気になったと微笑んでくださる、そのきっかけづくりを提案したい。また、社会福祉事業に興味をもってくださる諸方面の方々に、この仕事を拡充する値打ちが社会的にあると思ってくだされればとの願いをこめて、執筆したい。

先ほどの第一部では、百五十年前にさかのぼって、開国日本で初めて社会福祉事業に従事した第一人者、渋沢栄一の活動とあゆみに焦点を合わせてみたが、この章からは序章に紹介した前田秀導がその仲間あるいは筆者らとつくり上げてきた社会福祉事業のあゆみのなかから述べていくこととする。

はじめに本章では、前田が第二次世界大戦終戦後に滋賀県庁に勤め、児童福祉法に制定された児童福祉司として活躍するなどした姿を物語り、公務員退職後、友人関係者と社会福祉法人を設立し、社会福祉事業を新たにスタートさせた。その独自事業の「ふりかえり」のなかから、これは！　と、考えられるエッセンスを第二章と第三章で記すことにした。

筆者は前田のもとで二十二年間法人施設を運営した。どうしたら…どう進めば…よいのか、教わりながら悩みや考えと試行錯誤を共にしてきた。はじめの数年間は、社会福祉の現場で働く、その働き方や工夫の仕方について筆者が知らなかったので、前田に我慢させることばかりであった。幸い、公務員時代の前田の後輩の方が法人施設の運営を担われて、前田と共に教えてくださった。

ある時、和室風にしていた利用者の居室に誰もいなかったから、前田に「そこに座れ」と言われて正座した。その時に教わったのは、「なぜ仕事を楽しめないか」という叱りから始まった。

筆者は仕事の現況と自分の心配事を伝えた…一人の利用者に職員が何人もいて交代しながら支援しているわけではない、昼間には三人から四人程度の利用者に一人の職員が支援している。食事の介助だって一人の職員が二人・三人の利用者に支援している。緊張の連続、配慮を重ねている。一人ひとりの利用者を大切に支援していこうと職員同士で約束しているけれども、やり切れているかというと十分ではない。

しかも、私たちは交代勤務をしながら二十四時間…しんどいことは当然の職場であることを筆者は伝えた。前田は聞く耳をもつが、うなずかない。「しんどい、疲れる…そんなことを互いに思いあってどうする、利用者は感ずいているぞ…。」

前田はどうしろというのか、自分や自分たちがどうできるというのか。

前田が言う。人が家から働きに出る場合には、仕事は楽しく、楽しみにしてするものだ。職場では、互いに声をかけ、利用者にも意思疎通し、楽しく仕事する工夫や意欲の表明を筆者がしないで…施設に良いことは生じないとの教えだった。

一人になって、考えた…深く、深く…わからない…

よし、そうしてみよう。仕事を楽しみにする、家を出かける時から楽しんでくると思ってみようと意識を変えた。そうしてみないと、前田の理不尽な提案に叶わない。

そうして…二十年余、勤めた。捨てたものではない … 互いに声かけ、顔を見合わせている職場の仲間との信義が生み出せ、職場が明るくなってきた。

前田から教わったことは、ここに始まる。筆者には前田と異なる信仰がある、信念がある。その信仰と信念において、前田の言うことを実践し始めた。

勤めて数年後からは徐々に、利用者目線と支援者目線で「よかれ」という結果を一つでも多く生み出したいという意欲を、前田と共有しながら、日々歳々を歩んだ。

前田は社会福祉事業の経営者として、筆者は社会福祉事業の職人・職業人として生きてきた。それは創意工夫と技術 Art の積み重ねであったと思っている。

本論を進めるに際し、前田は筆者にとって実務世界の師匠である。そこで、ここから先は「前田師」と表現することをご寛恕いただきたい。第一部で前田師の恩師を大久保満彦先生と称した、その入れ替わりと受けとめてくだされば幸甚です。

第一節　社会的な責任を担い活動する人たち

前田秀導師には、おおむね三つの顔があり、異なるミッション（使命）があったと思う。

第一には、宗教法人浄土宗の和尚であり、滋賀県土山町大野にある布引山医王院若王寺住職である。僧衣を身にまとい、宗門のため、あるいは檀家のためにと苦心を重ねる人格である。

第二には、家庭の夫であり父であり、家族や親族を幸せに、また繁栄させたいとの思いと配慮を重ねる生活である。

第三には、やはり、とことん身に戴して（たいして　身につけて）きている、社会事業研究所研究生修了者として、第二次世界大戦後、新しく整えられつつある社会福祉事業の道で責任を担い活動する顔である。

このように、日々の生活の中で、あるいは家人に、あるいは和尚仲間に、そしてあるいは社会福祉事業の職場でいろんな人たちと意思疎通を重ねながら、三つの顔、異なる使命や役割を果たしていったと思う。

前田師は、愛想がよかったのだろう。県職員の同僚や後輩からは「和尚（おす）さん」と通称されていた、他にも和尚兼業の職員はおられたであろうに。

当然、意思疎通が十分でなかった時には、すまんな・言うてなかったな…というアクシデントやインシデントも少々生じたようだが。結構、そういうトラブルは少なかった。

前田師は、自分が選びとった、むしろ師に言わせると自然と歩むことになった、三つの道をていねいに慎重に、あるいはできるだけ心豊かにと、歩んだのではないかと思う。

前田師は第二次世界大戦終戦後、児童福祉法が昭和二十二年十二月に制定され、滋賀県が児童福祉事業を進めていく、そのために児童福祉司を設置した、そのはじめての福祉司として昭和二十三年四月に入職し勤務を始めた。二十七歳の時である。

おもに、担当する広域区域内を県から支給された自転車を公用車として往来し、仕事した。さすがに家に帰るのが遅くなる場合には、知人の寺に宿泊させてもらいながら過ごしたとのこと。

職務は、児童福祉法が次のとおり公共団体の責任を明記し、それを県知事のもとに実現するのが児童福祉司であると認識されていたので、責任感旺盛な前田青年には頑張りがいがあった。

児童福祉法　児童育成の責任

第二条　国及び地方公共団体は、児童の保護者とともに、児童を心身ともに健やかに育成する責任を負う

しかし、庶民レベルでは一部で児童福祉司の仕事に期待する向きがあったものの、施策（今でいう福祉サービス。問題や課題を発見した時の対応策）が決して整っているわけでないため、また社会の人がそれを理解していない分、活動にはたくさんの反発あるいは無関心の態度を受けたようである。

たしかに、同じころ、社会事業研究所の研究員だった浦部史教授は、盟友の重田信一教授と肩を並べ、胸を張り、東京霞が関を歩いていたという。そして「これからは福祉の時代だ、われわれが研究することは

堂々と発表できる」互いの健闘をたたえていたとのことをお聞きしたことがあるが、福祉への庶民的理解や期待はいまだしの時代であった。

師は、たとえば日本国有鉄道の大きな駅の待合所で、明らかに生活が自立していない大人たちにまぎれ共にいる子どもの様子に接し、話しかけたり助けようとするが「自分の子どもに何をする」「自分たちに何をする」呼ばわりされながら、それでも関係をもとうとしたり、明らかに親からの分離保護を必要とする子どもと接するのに、大人に日本刀を振り回されたりしたとか…職務遂行には社会の壁がたくさん立ちはだかっていたと話されていた。

前田師は、やがて、児童相談所長として、あるいは県立障がい者施設の施設長として公務を取り仕切ることとなる。

その間に、浄土宗宗会議員としても友人知人と行動を共にした。その結果、浄土宗の宗務庁から役員就任を嘱望されたことと、滋賀県が早期退職を認めていたことから、定年より数年早く、昭和五十一年、五十六歳の時に県庁を退職し、五十三年から京都市東山区知恩院内にある宗務庁に責任役員・財務局長として通うようになった。

その時に、かねてより心に刻み付けていた一つの願望を果たした。若王寺境内に水子地蔵菩薩像を建立する、しかも県庁退職金をすべてつかって。約二メートルに近い高さの地蔵立像は、前田師の母と子、ひいては人への慈愛のあらわれであった。彫刻師の森大造先生に「右手に薬師の薬つぼを持ち、左手に水子を抱いた地蔵菩薩」をと依頼した。森先生はびっくりされたが…依頼を受けてくださったとのこと。

すべての母と子の心の安寧(あんねい　穏やかさ)を願う心から生じた、師の深慮のあらわれと思われる。
師は県庁公務をはずれた時点で、すぐに民生委員・児童委員を約三十年ぶりに引き受けている。

前田師の特長は、家庭や寺での過ごしの時の作務衣と寺の住職としての役目の時の僧衣、そして浄土宗宗務庁に通い執務する時と社会福祉事業の仕事をする時のスーツとネクタイ。どこで何をするか次第で、衣服を取り換える人であった。一日の中でも都度に取り換えていた。その協力者として、妻の実妹の夫（義弟）が「にいさん、自分の会社がもっている土地を使って社会福祉の仕事をしてください」と道をひらいてきたのが、社会福祉法人をつくり、社会福祉事業を経営する始まりであった。思いはひとつ ― 鈴鹿峠のふもとで社会福祉事業をおこす―。

師はもともと諸方面で人と交流し、丹念な意思疎通をしていたから、滋賀県庁の知事・副知事、社会福祉部長、地元福祉事務所長、課長係員と相談連絡することを重ねながら、滋賀県甲賀郡土山町で社会福祉法人組織をつくった。別に、法人職員として、役所に認可申請等する事務担当者と社会福祉施設の運営実務を担当するスタッフを確保することは、すぐに可能となった。

昭和五十四年に土地を予定し、同年に滋賀県障害福祉課の紹介を受け日本自転車振興会による施設整備費補助金が申請受理された時点で、社会福祉法人認可を申請し、翌年八月に厚生大臣（当時）から認可された。満五十九歳の時である。

法人役員には、これまで社会福祉事業を始めるに際し、語り合い互いに尊重しあってきた仲間が勢ぞろいした。次にその芳名と当時の職業を記す。

理事長　前田秀導
理　事　岡田忠三　製薬会社取締役部長　町公平委員会委員長・学校薬剤師
　　　　福井利雄　県身体障害者連合会役員　民生委員・児童委員、町農業委員
　　　　松山正己　町議会議長　製造会社設立、社長現任
　　　　青木宗太郎　機械製造会社代表取締役　知的障害者就労支援者
　　　　川端史朗　開業医・内科医
　　　　門谷福造　元県職員・県立障害者施設長　県社会福祉協議会事務局長
監　事　中邨義三　司法書士、行政書士　個人事務所開業
　　　　保海義弘　製造販売業　町社会福祉協議会理事

前田師は自分と同じく、新たに社会的な責任を担い活動しようとする人たちと語らいながら、法人設立のための手続きと新設する社会福祉施設の建設準備、資金調達についても協力しあった。互いに信義を交歓する盟友ともいえる人たちであった。

たとえば、青木宗太郎理事は、師の檀家であり秀導和尚をよく知って交誼を重ねてきた人物である。師の県立知的障害者更生施設長時代からその施設で更生訓練を経た人の退所後就労を目指した実習訓練あるいは訓練後の就労を引き受ける会社として、自社で就労支援する一方で、アパートを設置し、そこで生活支援を提供してきた経歴をもつ。

川端理事は、医大卒業後、昭和三十四年に土山町国民健康保険直管大野診療所の勤務医に就任された時から、師と交誼を深め、昭和四十二年に自宅開業にいたった医師である。

前田師は、法人名称を当時の県知事に相談し、師が住職をしている若王寺の本尊・薬師瑠璃光如来の名前から瑠璃光会とし、この法人に関係するすべての人たちが健康であってほしいとの願いをこめることとした。瑠璃光如来は、手に薬壺（くすりつぼ）をもち、衆生を導こうとする仏像である。新たに設置する施設は、だれにも親しみやすいひらがな書きの「るりこう園」と命名することで理事者の総意を得ている。

法令では、社会福祉法人を設立するに際しては、その団体が事業開始する土地、そして事業開始する建物と設備設置資金、さらに当面の運転資金を寄付で得ておく必要がある。

ひとことで寄付というと「公募」あるいはカンパ要請をイメージするが、むしろ、その前に理事者およびその法人関係者の寄付行為が行われる。代償をともなわない、無償の出資である。かりに土地や建物を提供しても設置する法人の資産として譲渡し登記せねばならず、その時点で個人の権利は喪失し、尊重されない。第一部で渋沢が中央慈善協会設立の際に「必要なのは経済的慈善」と強調していた通りの行為である。

それゆえ、筆者はあらかじめ構成員全員が合意のうえで、無償で「社会的な責任を担い活動する」人たちとして、社会福祉法人を設立する人を称している。

師とその仲間は、その公益の道に入ることを決断し、寄付金を必要となる額になるまで積みあげた。残余は借入金である。借入金の返済金は、社会福祉事業の運営収入から年度ごとに支出することができる。誠にご苦労なことである。本人は当然としても、役員家族としても理解がなければならない。

ともあれ、その開始資金が確かであれば、はじめて国庫あるいは民間助成団体から施設整備費補助金を受け、都道府県補助金が上乗せされ、施設建物が建設できるとされている。補助金を一切受領せずに、全額を団体が資産あるいは寄付行為で調達し、出資し施設建物を建設する法人もあるにはある。

ともあれ、そうしてこそ、国と地方公共団体が制度化している社会福祉事業経営の指定（運営資格）を得ることができる。そこで、法律に定められた社会的責任を行使する道が開けるといえるのである。

るりこう園が建設され、竣工と事業開始したのが昭和五十六年六月一日のことである。さすがに、師のみではない、法人役員各位とそのご家族がホッと安堵されたとお聞きしている。

寄付行為で支援を広げるたくさんの後援会員を得るのも社会福祉法人経営の一環でもある。師と仲間たちの法人設立と運営には、土地の確保を支援してくれた師の義弟が、広範囲に活動を展開し後援会を設置し、募金された後援会費を毎年法人に寄付することを決められた。

第二節　踏み出す勇気と価値の共有

前田秀導師は困っている人を放っておけない想像力と知識、決断力、放っておかない勇気があった。また、話を聞いてもらいたい…そういう人からの話を聞くのも上手だった。

両方ともに、リスクが生じる。自分に生じるリスクをかえりみると、放っておく、聞かないでおくことも考えられるが、それをわざと選ばない場合が目立った。和尚（おしょう）さんてそんなものかと思いきや、師に聞くとそうでもないと言われた。筆者にも時間を割いて教えてくださることが多かった。この相談事の引き受けは、人としてどう生きるか、どのように生活するかの選択肢の問題であるとも教えてくださった。放っておいたらよい場合もある。その人が勘違いしている、あるいはその人が言うほどでもないと判断されたら。また、困っているのがその人の性格あるいは生活習慣であると思える場合も中にはある。だから、相談を耳にする自分の経験値でかしこく判断して、自分が役立つかどうか、役立てるかどうか、さらに役立とうとするか、見切りをつければよい（先を見込んで切り捨てる）ことも教わった。

筆者は、京都生まれの京都育ち。そして東京で大学生活を、京都の佛教大学で大学院修士課程を修学してきた。まったくの都会生活者であった。ある日、佛教大学の前身である佛教専門学校の卒業生であり浄土宗の高僧が社会福祉施設を実際に運営する人物を求めているというので指導教授に呼ばれて、それまで見ず知らずの滋賀県土山町に引っ越してきた。前田師なら社会福祉の実務をイチから教えてくれるからというのが、同教授からの餞別の言葉だった。

新設社会福祉施設の建設に立ち会い、施主側スタッフとして参画させていただいた。また、入所希望者宅への訪問と受け入れ準備、職員の選任と研修なども行った。施設業務を開始し、仕事と生活を始めて二年近く経ったころ、前田師とこんな対話をした…。

「あんたもいなかの人や、いなかの生活に慣れてきたようやな…」と言われるので、ここの生活やここの人が大好きになってきていることを伝えた筆者に、前田師は「しかし、いなかの人になってしまったらアカンで」とはっきりとした口調で言われた。筆者はびっくりした、滋賀県甲賀での生活や人に慣れはじめたことを褒めてくれているのではなかった?……。

次に言われた話の内容が懇切かつていねいであった…いなかに住んでいるからいなかになじむのでなく、どこに住んでいても自分の生活ができなくてはいけない。自分のしたい生活ができればよいのだから、どこになじむ…というのは気にしなくてよい、むしろ勝手になじんでいくのだから放っておくとよい…本当は、いなかの人・都会の人などという日和見はしないでよい…という趣旨を筆者は教わった。

また、滋賀県で生活し始めてほぼ十年後。別の機会であるが、驚くべきものごとの判断指針を教えて頂いた。

出身大学院のよく知った大学教授おふたり、当時教務部長と学科主任教授から、筆者に非常勤講師として週に一回出講してほしいと突然に依頼があった。四月下旬である。新しいカリキュラムで臨んだ新年度に開講した授業で「網の目から落ちたように」現状の時間割表のままでは希望する科目とコースを受講できない学生が二十余名あることがわかった。進路に影響する科目なので、取り急ぎ学生たちの受講できる曜日・時間に開講する必要が生じた…だから、来週からその指定曜日と指定時間に来校して一年間、講師を担当してほしいとの依頼であった。

してみたことがない・通ったことがない毎週一定時刻のカリキュラム担当を言われて困ってしまった。とても困っていることを師に伝えたところ、「年度途中だから来週からなどということを言ってきているのだが、よほど大学では困っているんだろう」と言われ、事情分析を重ねながら、そして大学事情を想像しながら二人で意見を交換した。結論は、

「それだけ困っているんだから、あんたに助けてほしいんだろう」「困っておられるのだから、助けてあげたらどうや」。

筆者も困っているのに…と思いながら、この結論をひとまず受け入れた。

しかし、この非常勤講師引き受けには、その後にも助言され、指導され続けた…今の事業所での仕事に大学の余計なことを引き受けたのだから、合わせて両方きちんと仕事するのならよい。

そうだなと同感し、筆者は人一倍、むしろ人の二倍近く仕事することにした。その大学にも、その「来週」以降、二十二年通い続けた。

今になってふりかえると、前田師には人の課題や問題に接して、自分としてどのように受けとめるか、迷う力（考える力）と判断しようとする力が備わっていた。できるだけ、その人の立場になって想像をしながら。自分としてなにができるか、どこまですることになるか…などを考えておられた。ともに、その人の手助けをいったん受けとめるとなると、踏み出す勇気をしっかりとそなえておられたのだと思う。

筆者に対してよく口にされたのは、「自分は別に…を恐れとらへんで」「あたりまえに自分のしようと思うことをしていくだけや」。あとは…周囲からの協力、あるいはその人（たち）の責任の履行が問われることも、百も承知されていた。

社会福祉法人の設置も、仕事する事業所・社会福祉施設の整備のことも、あるいは人からの相談受付けも。踏み出す勇気があり、踏み出したら責任もって果たしていかれた（支援されていかれた）と考える。他者からの相談受付の場合も、いったん結論を提示したら、ずっとその進捗を見守られていたように思う。

職場では、園長を前田師が、筆者は利用者支援を具体化する職員として、日常の意思疎通のなかで、筆者は議論をもちだす役割をした。師はどうするかを考える立場につかれた。むしろ、決裁者の立場で話を聞いていただいた。早ければひと晩のうちに、あるいは数日かけてでも、「この前のことについては…」と、ご自分の考えを伝えてくださり、筆者と意見交換し議論を深めてくださった。そして、他者にわかりやすい助言や提案あるいは態度表明が職員の立場でできるように、配慮してくださった。

人への愛情が深く広く、人への愛着心を損なわない、そういうことが感じられる。その点では、第一部で物語った渋沢栄一の人格に近しい。あるいは、社会福祉事業に取り組む指導者に共通するのかもしれない。


いったん踏み出したことを取り下げるようなことも、放り出されることもされなかった。あとかえり・あともどりを極端に嫌われたところがある。そのかわり、決断が遅い場合があるのと、他人に決断させることも多かったが…。

しかし、前節から物語ってきた社会福祉法人設立と社会福祉事業の開始がまさにその通りの自己決定と自己責任の連続だったし、爾後も、熟慮を重ね、ある時には試行錯誤しながらも、自ら経営する社会福祉の仕事を結果成功させる力をそなえられていく。自らの経験値も大切に育まれた。謙虚に事業運営の方途を考察されたと思う。筆者は、師が立派な理事長であり、施設長、創設者であったと心から尊敬し、感謝申し上げている。

いまひとつ、前田師が社会福祉事業を実施する立場で重要視したことがある。それは職員が利用者のために働きよい、職員がお互いを尊重しあう職場づくりを目指したことである。

開設記念式典で来賓にも告げ、役職員に呼びかけたのは「明るい　みんな仲良しの職場にしよう」という、わかりやすい目標であった。当時の県知事・武村正義さんが来てくれているのだから、県職ＯＢとして、格好のよい抱負を知事の前で述べるのかと思っていたが…。

後日、師は、法人職員の「努力目標」を次のように示している。

努　力　目　標

一、してもらう人の立場に立って仕事をしよう
一、意欲的に仕事をしよう
一、お互いに研修につとめよう
一、明るい仲よしの施設・職場をつくろう
一、さあきょうも一日元気に働きましょう

ここには、職員が互いに仕事する努力や工夫を重ねるのは当然としても、その際に職員が共有し、最大限に実現し、獲得していってほしい（前田師が願っている）「働く価値」が勢ぞろいしている。

(1) 利用者の立場に立ち、利用者が自分たちの支援をどう感じているか、どう受けとめているかを重視し仕事する

師は支援者が利用者に話しかける、提案する、介助を提供する等の場合に、利用者あるいはその家族が「気持ちよい」と受けとめる、そのように配慮し、仕事するように提案していた。それはそのスタッフの器量であり、素養であろう。と共に、利用者の立場を具体的に尊重する思いやりが功を奏すと考えられる。はじめは、よい人だな・上手に説明してくれる、あるいは介助してくれるでよいが、徐々に…よく知ってくれている、楽しく接してくれている、答えをいっしょに導いてくれる…というような気持ちに利用者が変化していくことが考えられる。

いつまでも、支援者のまごころが伝わる円滑な援助関係を念頭にされていたと考えている。師に接していて、社会福祉事業の支援は「奥の深い」仕事だと思った。

(2) 仕事への意欲を大切にしよう、自分や同僚の意欲を大切に育てよう

そのためにすること　たとえば、朝のあいさつ―

このことについて、前田師はつぎのようなメッセージを職員に伝えている。

朝のあいさつは
　礼儀正しく愉快に
大きな声で
　お互いに
　　かわしましょう

実は、師は自分たちペースで仕事する、義務を果たすだけの仕事をするスタッフに囲まれていたことがあ

ると言っていた。施設長だから意見を言い出すことはできない、だから朝のあいさつを通じて、気持ちよく仕事しようと伝えるのが自分の役割と責任だったとふりかえられることがあった。

(3) 研修は自ら行うものであり、一律的集団的にのみ行うものではない　そういう点では、互いに研修につとめている、そういう同僚関係でありたい

師は、研修の中でもケース検討が最も大事であると繰り返していた。ケースには学ぶ価値がある。職員として利用者の困りごとや困りぶりを共に把握し、自分たちの役立つところを考え合うケース検討、グループ討論を奨励されていた。

(4) 明るい仲よしの職場づくり

職員が一緒になって配慮し、努力し合う必要のあること

それは、日ごろの意思疎通と互いの質疑応答。自分たちの周囲で起きていること、看過できないこと、利用者のこと、同僚のこと。上手にできたこと、上手にできなかったこと。など、きのうの話、先週の話でもよい　人に聞いたことでもよい。

この意思疎通がむずかしくなる人間関係、職場環境を避けたい。むしろ、そうなる職場環境を防止する一人ひとりにとの願いが先んじてあったと、いま考えられる。

(5) さあ、きょうも一日元気に働きましょう

お互いの職場　利用者支援の充実と成功　明日を希望して歩む日々　この思いは深いと思う。

第三節　人の役に立つ　社会福祉事業の創設と日々の実践

ものごとを進める場合に、せっかくやるのだから、良い結果をもたらすようにやっていこうということは、だれでも考え、心がけると思う。しかし、「良い仕事をしていこう」「良い仕事をしていきたい」と決める人は存外、少ないようだ。

仕事は自分だけの判断でするのではないし、人に指示され影響されて自分の思うようにいかないから…と考える人の方が多いと思う。

しかし、社会福祉事業に従事する限り、良い仕事をしてみたい、良い仕事をしようということは可能なのではないかと筆者は考えている。

なぜなら、利用者に接して、よかれという結果を共に得ようとするわけだから。また、同僚と考え悩み、協力し、知恵と努力で課題をのりこえようとするわけだから。このことは、筆者は前田師から教わったし、共にたくさんの仕事を同僚と共に果たしてきた。

師は、むしろ、せっかく社会福祉の仕事をするのだから、職員はじめ関与する人に良い仕事をしてもらおうとしたし、そこに職員の苦労や配慮を伴なうこともわかるから、職員への慰労や感謝を忘れてはならないと常々言われていた。

なぜか、あるいは、どのような方法で…その考えと具体例を次に伝えたい。

社会福祉事業の生活支援でもっとも大切なこと。たくさんあるうちで、人の素養（レベル）を決するのは、利用者に接して利用者の表情を読みとり、変化されることを知り、尊重し、かつそれを信じてさまざまに支援を試み努力する態度である。これが備われば、筆者は福祉の仕事をArt・技術として伸ばすことができると考えている。

生活や生活の様子に変化をもたらすことは可能である。まず第一にこれへのトライアルを奨励したい。行事を企画し実施する、お祝いする、外出する、共に活動することなどに工夫と配慮を重ねてほしい。しかも利用者の表情や行動に着目しながら。そうすると、可能性がさまざまに発見できるし、可能性が変化することもある。そのために活動を行い、催し、あるいは目標を共有し、同僚と分担するかどうかである。いわば、「ツール・道具」として行事や外出などを使うかどうか、使っているかどうかが問われる。

それは当然のこと。表情や思いが変化するのは当たり前だからと、利用者の変化を放っておいては社会福祉事業にはならない、Artの世界に入っていけない。

むしろ、利用者や同僚と共に考え、共に体験し、こちらから表情を変えてでも…共感してもよいのである。ただし、その効果や値打ちを冷静にしっかりと把握しておくのが、Artを身につけ成功させる基礎である。

実は、こうした配慮から、師も、筆者も、また職場の同僚も「人の役に立つ」仕事に従事し、「良い」仕事を積み重ねようとした。

紙幅の関係できわめて概略をたどることしかできないが、前田師が自ら実践あるいは提案したり、職員組織を支援したことを次にかかげてみた。

(1) 職名にこだわり職名に伴うテーマ（課題）を実践する

昭和五十六年の事業開始前、師は厚生省（当時）の施設設備設置基準による支援者・職員の職名を気にいらないと言って忌避した。その職名は「寮母」であった、建物の入居者（寮生）を世話する寮母などということを自分は社会福祉の職員に期待しない…それを療母・女性と療護・男性と改名した。「療護施設」の名称をもつ施設にあって、利用者に接して中心業務を行うのだから「療護・療母」がよい。治療の「療」は良い状態にしようとする専門的な意味合いがあるのだから、リハビリテーションの意味合いも反映し、その専門性が大切だとの判断であった。

この点では、その後、障がい者支援の一連の法律が障がい者支援法と一括されたとき、利用者支援業務を認め、それを実施する職名を「生活支援員」という名称で規定されたときは、師も安堵しこの名称を採用した。この職名が利用者にも職員当事者にもわかりやすい、使いやすい。そして、専門性をもった名称だからである。

ちなみに、それまで使われていた「生活指導員」という職名については、利用者を指導することは必要な場合もあるかもしれないが…指導する人の力量が問われるので…人物にもよるという解釈をされていた。この不自然な名称を社会福祉事業一般で用いなくなったプラス面は大きい。

(2) 利用者の表情は変化する、その表情を受けとめる

このために師は率先して、日々毎朝の職員による業務引継ぎの場に同席し、聞き耳をたて（発言せず）、さらに日々記録に目を通し、ケース検討会議にも出席した。利用者の変化を知ること自体が嬉しかったのであろう。また、職員の対応の様子を間近に感じていこうとされたのだと思う。

施設運営の始めのうち、何度も繰り返された、得意な言葉は、○○さんの叫びはすごいな、やわらいできたか、続いているか…。コールを鳴らして職員が来るのを利用者はうれしいんだな…。そういうこと…わかって、対応しないとな…であった。

しかし、さすがに年月を経て、利用者の高齢化と健康状態や障がいの重度化が顕著に進むにつれ、それに対応する職員の支援内容のハードさへの心配と懸念が主だった心配として師の心に残るようになった。そして、前田師は、おおむね八十歳を超すころには、自らの感性でとらえたことを人に告げられなくなったように思う。

(3) 外出する楽しみを倍増する

外出する楽しみは、人の感性にさまざまに影響を与える。場合によっては、何日も前から想像力が働く、そして「…したい」バリエーションが広がる。あるいは、困った・どうしよう…行きたくないなどの心理もはたらく。禁句は、行くって言ってたでしょうという叱り、これは何にも役に立たない…行きたくない、不

安や不満を余計に高ぶらせる人もいるから。

買い物外出、日帰りや宿泊付き旅行、小グループ旅行など。利用者が外出することに慣れ始めると、方法や同行者にも変化をもたせ工夫を重ねた。

師は幾人もの利用者が出かける場合に付き添いをした。一緒に行動した。利用者のペースで移動した。

社会福祉事業の現場では、職員による外出支援の様子やペースで、利用者への自立の尊重の度合いや自立支援の奥深さを把握できるのがよく知られている。だまって、興味深く、職員の様子に接しられ、爾後に、職員に利用者の移動の仕方や進む速さを尊重し、共に歩む支援を呼びかけられていたのが、筆者の記憶にとどまっている。

(4) 入浴をリフレッシュの道具に

日常、利用者の様子に接し、表情や行動の変化に応じて支援のバリエーションを用意することを基本にしていると…入浴はゆっくり・ゆったりのペースになる。

一般に、入浴支援のあり方を考える時には、たえずその目的を「清潔の保持」一本にあてたくなるのが福祉・医療業界の常であろうが、師の社会福祉事業では、「どうする」「まだつかってるか…」「早上がりするの」…は、利用者個人の好みやその時の利用者の反応にあわすことにした。

何回も入浴支援していると、話せない人、反応の疎い人でも、つかる・あがるの満足度合い、あるいはタイミングや傾向がわかってくる。おまけに、十年を超して支援していると、1、規則正しい生活　2、三食を美味しく摂ること、それに3、清潔の保持が長寿をまっとうする秘訣だとわかってくるので、余計に快適な入浴にこだわって仕事したくなる。これを認め、了解したのが前田師であった。

(5) お祝いは繰り返し、思い出にする

誕生月は人にとって毎年くるが、ことし一年を … のように過ごした記憶は、ご苦労さんものである。それをたたえ、また新しい一年 … のようにねと、祝福することを事業所では繰り返してきた。正月を迎えるのも同様である。他に記念日をつくって、祝いあうのも同様の趣旨である。

思い出づくりを利用者と職員とが共々におこなうため、常に新鮮な企画が必要なのも事実で、担当者にとってみると、企画と準備はいくぶん苦痛かもしれないが、そこを見越して前田師が利用者に祝福を、そして職員にねぎらいを伝える習慣があり、行事は都度に成功した体験がある。

「同じことしてても、そうだと知らんふりして楽しくする（動く・工夫する）、あるいは前例を引き合いに出さなくなる」「だれしも普段や日常というのは、そんな繰り返しではないのか」師が心のこめ方、工夫の仕方を教えてくれた。

(6) 支援者の働き方、表情にも影響力があらわれる

師が初代施設長として、法人創設代表者・理事長として大事にしたことのひとつに、施設に人を呼ぶ、来てもらう、利用者と職員の様子を知ってもらうということがある。

例年開催してきた秋の大運動会には、地元小・中学校の児童・生徒有志がボランティアに来訪し利用者支援にあたる。車いすを押す、車いすの人に寄り添って応援する、利用者の頑張りに声援する、競技進行の裏方を担当するなど。そこに家族や知人が加わり、二百人を超す集団がひろばに一堂に会し、イベントを行ってきた。

利用者と職員の合作による演劇「夕鶴」で障がい者の日行事を自主開催し、五百人定員の文化ホールを満員にしたこともあった。ボランティアの方が地域住民の人たちをバスでピストン輸送してくださった。利用者も職員も楽しく行事を主催した。

また、利用者がミュージックベルのラインを組み、職員が後方支援する音楽発表は、日頃の音楽クラブ活動の成果として、くりかえし地域に出かけて地域行事に参画してきた。

また、利用者が手腕を動かしつくりあげた陶器と手芸は、市民行事に出かけて利用者が販売した。すべて利用者や職員の創意工夫と共に、師の発案あるいは賛成、応援、あるいは知恵だしによって成功してきた。

こうした特別な行事だけではなく、日常生活も同様で、利用者あるいは職員に同僚職員が出会う、あるいは利用者、職員のもとにわざに同僚職員が出向く、その時の声かけや表情が「楽しく」「和やか」であるかどうかを問う資質が職員に芽生え、定着した。ありがとう…と言われて、どう言葉返しする？かで、利用者や働く同僚の受けとめと態度は変化する。

「利用者が気持ちよいと感じる支援」を提供できなければ…というのが師からの提案であった。

第二章　支援事業所にいる二つの主体者

――生活主体者と援助主体者へ必要となる支援

第一節　人としての尊厳　尊重する活動

入所・通所を問わず、あるいは介護や保育、生活支援、相談支援等というジャンルを問わず、またあるいは、福祉の世界でも医療の世界でも必要となるのが、生きて生活している人に接する仕事をする際に、その人をどのように認識しているか…職業人としての人間観である。

まず、職業のうえで人にかかわりをもつことができる…ことを尊びたい。

もし、医学あるいは社会福祉学は好きだが患者あるいは利用者と接するのが不得手だとしたら、その人は職務を行うのにものすごく苦労を背負うこととなる。利用者や患者もいつか、戸惑うこととなる。

人と接するのが好き、そして人と接するのを尊く感じる。そのうえで、どのような人間観を自分（たち）は個人として形成し、職場として共有しているのだろうか、しっかりとふりかえる日々でありたい。

あれ、ちょっと待って。人に接して仕事する、その道を選択した以上、その人の生活に接して支援する、その方法や手順を体得するのだけれど、その際に人間観を問われるのはどういうこと、と問われる人がいるかもしれない。この章では筆者の体験した事例を節ごとに都合三つ語ることから、その奥深さを伝えたい。

施設職員としての筆者が仕事をするなかでもっとも驚き、また自分のだらしなさに強く気づいた事件がある。

仕事に就いて二年目になるころ、徐々に慣れてきた介助や介護に、また利用者の気心に対して、「もっとしっかり」「もっと頑張って」と刺激的な発言を筆者がしたあとのこと。四人一部屋の利用者の三人から夜、呼び出しを受けた―。その三人は数少ない社会的コミュニケーションの交わせる人たちだった。

「山西さんは、頑張れ、がんばれ言うてはるけど、ボクらはなんでそんなに頑張らなあきませんのや。頑張ってなにになるんですか」

「ボクが頑張ってみなさん（職員さん）のようになんでも自分でできるようになるんですか。」「頑張って…ボクが、ボクが…歩けるように…なりますか…」

「自分で自分のことをしろというのはわかる…。けれどもボクは、ボクらは、自分のことを職員さんにしてほしいのや」。

自分のことを自分でするように努力している。職員やほかの利用者からの励ましも理解している。しかし、やっぱり人の手を借りないと自分の生活は完結できない…との悔しい思いがその利用者の心の中にあったようだ。

そして、一抹の身辺自立がほとんど要介助状態の自分にとってなにになるのか、それができたからといってなにになるんだとの、激しい気持ちのあることをお聞きした。

当時の筆者は、日常生活活動（Activities of Daily Living ＝ ADL）の自立性への方向性、そして自分のことを自分でできる尊さへの強調を一心に掲げていた。主任生活指導員という職名で、利用者支援の方法や内容を取りまとめ、責任をもつ立場から利用者に、そして職員に意欲のあるところとさまざまな約束事を伝えていた。それに対する反発の発言は、筆者の完全な敗北であり挫折であった。

利用者にしてみれば、ＡＤＬの向上は嬉しいし大切だとしても、それがいきおい生活のすべてにわたって可能となるわけではない、とりわけそのことを「何でもできる」職員から強要されたり注文を受けてはかなわない…。

焦りにも似た気持ち、逆にいえばぎりぎりの自尊心の表れであったと、しばらくして振りかえって気づいた次第である。

重度障がい者が生きていくにあたってよく議論される自立と独立――

けれども、紋切り型が人の姿ではない。一般的にも生活者の姿は、むしろ社会的自立の方向とともに、家族や同僚、友人たちとの間でさまざまな相互依存を繰り返しているはずだ。

たとえば、なんでも自分でしなさいと子どもに教えながら、自分の衣類の洗濯や自室の掃除を妻に依存して顧みない夫は、昔も今も多い。物理的な事柄に限らず、心理的に頼れる人には甘えたり、中途半端に依存することも多い。こうした世間的な事柄は常識論の域を出ないとお叱りを受けるかもしれないが、社会福祉施設の生活も世間的で、日常の人間関係の連続でもある以上、当事者の自立への芽もこの中から生じてくるし、逆に場合によっては、崩されてしまうといえよう。

この事態のなかで、筆者は心の奥底から、利用者の理解を得られていない自らの言動を三人の利用者に詫びた。そして、これ以降、利用者に頑張れ・がんばれ、努力して…という言葉は禁句にした。

当該の利用者三人はドライであった。山西がわかってくれた、あるいは、いやわかってないが謝ってくれた…と得心したらしい。そうすると、利用者の日常生活は次の日から再び始まるのだが、このクレームをした利用者は三人とも、結構元気に頑張り続けられた。

筆者は、この三人からのクレームショックから立ち直るのに、本当に反省し、考えを改めるのに五年はかかったことを忘れないでいる。

ここで、この発言をした利用者の活動歴を当時の担当職員の作文で紹介したい。

施設の『十周年記念誌』に「日々挑戦の喜び」として十人の利用者の活動歴を紹介している。その一番目に次のようにリポートを掲げている。

日々挑戦の喜び

文通を始めました　　西○源○さん　六十歳　男性

＝訓練、行ってきますわ！＝

きょうも元気にひと声かけて機能訓練に向かいます。西○源○さん、通称『源さん』です。

昭和五十六年六月に当園開設と同時に入所。それまでは、身体に重い障がいをもつゆえに家の外へ出ることのない生活を余儀なくされていました。おもに世話をしてくれていた母親の逝去、一番頼りに思っていた弟さんの交通事故による死を契機として、生まれて初めて家から飛び出しての新しい生活を、るりこう園からスタートさせることになりました。

そしてこの日が『可能性への挑戦』の始まりでした。

＝笑わば笑え！＝

入所後一年が経過し、体にあわせて作ったストレッチャー様式の車いすの操作、そして衣服の着脱などの生活訓練に励み、少しずつ園での生活が慣れてきたところでした。

個人で新聞をとり、毎日欠かさずに読んでいる姿は周囲から好感をもって見られていましたが、そのいつも読んでいる新聞が時々逆さまになっていることに職員が気づきました。

まさか……『源さんは字が読めない？』。職員は一様にショックでした。今の時代ですと特別支援学校による全員就学が可能となっていますが、源さんの子ども時代にはそれがありませんでした。本来ですと、多感な少年時代に基礎教育を受けて友人と切磋琢磨しあいながら勉強し成長する機会を得ることができるのですが、身体に重度の障がいがあるために、教育委員会から「就学義務の猶予・免除」の決定を受け、すべてのことを「独」学でせざるを得なかった方々が当園にも数多くおられます。まさに源さんもその中の一人でした。

＝これではいかん！＝

ある年の四月学習クラブが発足。源さんもそのクラブに加入しました。

五十歳を過ぎて『ひらがな』の勉強の開始です。

はじめは五十音の文字を書いたカードや積み木を使って、字の形を覚えることになりました。何度も繰り返し、ようやく形を覚えたかに見えました。ところがそうではなかったのです。カードが横向きになると読めません。「い」「こ」「り」とくにこの三文字が源さんを悩ませました。

源さんは座位がとれず、常に横になっている姿でした。字の形も横向きに覚えてしまっていたのです。また時には、見る角度によって違ったものに見えてしまう結果にもなります。この苦労と混乱は本人にしかわかりません。

その苦労も何度も何度もカードをめくり角度を変え、声に出して読み、それこそ寝る間も惜しんで繰り返し、ようやくカードが横を向いても大丈夫になり五十音を覚えることができて報われました。四年を経た頃です。

でも、まだまだです。

＝源さん、文字を読む＝

一文字一文字は読めますが、文字が二つも三つも並ぶともう大変。

たとえば、『あめ』と書かれたカードを「『あ』と『め』とかいてある。」といって、「雨」「飴」とは読んでくれません。むろん「雨」も「飴」も知っています。でも、言葉を形に置き換えたものが文字なんだ、カードに書いてある「雨」や「飴」と言葉にしているものは同じなんだということが、どうしてもしっくりとこないのです。

またカードを何度も何度もめくります。廊下に貼ってあるポスター等からも「ひらがな」をひろいました。

学習クラブでも文字と言葉は同じなんだと何度も繰り返しました。源さんの文字獲得へ向けての執念は並大抵のものではなく、周囲のものが目をみはり驚くほどのものでした。

カードを何度もめくり、何度も声に出す本人。学習クラブでの反復学習、本人を陰になり陽になり支えてきた多くの職員。その両方が試行錯誤の連続の八年間の学習をすごしてきました。

この長く苦しい八年間の「ひらがなとの戦い」を支えてきたのは、多くの職員の協力もさることながら、源さん本人の持ち前の意欲と粘り強さでした。

それは毎年九月に行われる当園の秋の大運動会での源さんの活躍ぶりにも表れています。

車いす操作による三メートル、五メートル競争に出場する源さん、そしてじゅうたんの上で自立単独移動の速さを試みる「ライオン競争」、それぞれに懸命な源さんの姿は、ワシは最後まで頑張るぞ、まけへんぞとの生き方が応援席にもビシビシ伝わってくるのです。

=そして今=

今日では、源さんは文字盤を押せば音声を出し印刷もできるトーキングエイドという福祉機器を使って、年賀状や暑中見舞いを出せるほどになりました。年々、友人や知人と交換するはがきの枚数も増えてきました。

いま、源さんのほしいものはパソコンです。

六十歳にして「ひらがな」を獲得し、どんどん世界が広がっています。

源さんの学習意欲は病むことはありません。るりこう園へ来てからの源さんの十年間、汗と涙で勝ち取った自信に溢れています。

「わしにかて、できるんや。できたんや！」

読者はどのように受けとめられたであろうか。

人は生きて成長や変化を体験されていく。だから、人のそばでさまざまに理解と支援が提供されていく様子に興味をもたれ、しかも継続することに力ありと思っていただければ幸いである。

変化と工夫のある支援を提供することで、職員（たち）の人間観も成長していく。「生活主体者」を支援することで、「支援主体者」も共に体験を積み、人間観を成長させ、変化していくと考えられる。

難しいのは、利用者に接する職員の意思疎通、そして職員相互の連携が成り立っているか、そしてもう一つ、利用者の心の満足度を把握しようとされ、しかもそれが人によって異なるのに配慮したうえで、満足度を高めるための工夫がさらに施されていくかである。ひいてはもう一つ、職員たちの利用者への眼差しが、利用者尊重の視点になっているかどうかである。

いま、すこし、この三段階のチェックについてふれておきたい。

ひとつめ　**利用者への職員の意思疎通**　よく政治の世界などが話題にする説明責任に近いかもしれない利用者にわかりやすく、やさしく伝える。むしろ、このことは、利用者の気持ちをお聞きする努力と配慮からスタートすると考えられる

とともに　**職員相互の連携**　ある担当職員「だけの」問題や事柄、あるいは判断や心がけにしてしまってはいけない。担当職員の理解や支援を共有するチームとしての存在があるかどうかである

ふたつめ　**利用者の心の満足度**　変化する、変化があって当然と考えられる。支援主体者との関係性や随時性においてチェックしていくものである。当然、信頼関係が成り立っていかないと…

みっつめ　**利用者尊重の姿勢や態度**　これは施設やチームが共有し、点検し、成長させていく

わかりやすい例をあげると、かりに、スムーズに・てきぱきと介助と介護を提供するだけのサービス環境・居住環境では、この誠意ある工夫と努力は難しい。

家庭で身辺介護を受けている利用者がよく言われる話であるが、A事業所はわたしに様子を聞いてくれる、きょうのからだの調子とか、食事がおいしいかどうかなど。B事業所は用事を済ませに来る。次々に用事して帰っていく…という話である。利用者あるいはその家族はこういう点を敏感に感じとられている。

それゆえ、この脈絡において、どのように支援を提供するかは、本来事業所の特長となり、施設長はじめリーダー職員の「知恵」のしぼりどころではないか。さらに、チームに関係するスタッフの「努力」の向かうところとならないだろうか。筆者は、これを技術的に伸ばすかどうか、まさにアートとして技術の価値を見出す職場あるいはチームと育つかにある―と考えている。

それだけに、日々に職員同士が意思疎通を図る、利用者に意思疎通しながら接する―この状態に利用者支援のレベル判定のひとつが設けられてよい。この状態認識が施設・事業所で共有されるとともに、進捗状況が職員にも自覚され、利用者や家族、あるいは施設長などリーダーに評価され、支持され応援されていく必

要がある。その原動力が、話は戻るようであるが、個人の尊厳を支える、まっとうするという目標を含め、「人間観」が個人そしてチームで形成されていくかというところにあると筆者は考えている。

第二節　気持ちよいあいさつと意思の尊重

引き続いて、事例を紹介したい。

こんどは、「意志伝達の能力よみがえる自信」とタイトルした人たちの物語である。

心の微笑みを回復

Tさんは、ある療養所より入所されてきました。交通事故による頭部外傷後遺症、いわゆる中途障がいで彼の人生は余儀なく変えられてしまいました。体の不自由さと心の屈折に打ち勝ってこられたTさんの入所時と現在とについて、ふり返ってみたいと思います。

＝不如意（思うようにいかない）生活のなかで＝

入所前に職員が入院中の病院へ面会に行ったとき、驚いたのは「ねたきり状態」と伝えられていたのに、動く手腕を拘束されていたということです。看護者の話によると、「固定しておかないと何をするかわからない人なので」ということでした。病室も周囲への迷惑を考えて、専属介護者つきの個室を選ばれていました。

当園の入所当時は、昼夜を問わず「アー、アー」と奇声?・を発する、コミュニケーションがとれない、おむつをはずして失禁する、濡れたおむつを放り投げる、またベッドの柵をガタガタと鳴らす、車いすやベッドから床にすべり降りて動きまわる、そして、介助者の腕や背中に手をまわし力まかせに…。ともかく毎日のように声を挙げて気持ちの高ぶりをあらわにしておられました。

いまから思えば不安定な時期。自らの不自由への受容が整わない時期ということになりますが、本人の気持ち、周囲の心配や迷惑を思うと、本当に混乱の一年間でした。

＝同情そして励ましの声かけ＝

病院での入院中の約二年間、そして当園での生活の最初は、Tさんにしてみれば「なんでワシはこうなったんや」「なんでワシのことわかってくれへんのや！」という気持ちが、昼夜を問わない奇声や乱暴という形であらわれ、不如意な現実に対するTさんの心の抵抗を表明されたのではなかったのかと思います。

たしかに、頭部外傷後遺症は脳の損傷部位によって多面的に、しかもはかりしれない身体と精神の機能喪失をもたらします。そのくせ、その程度や予後はほとんど明らかにはなりません。脳外科の専門医も、Tさんの身体症状の改善や機能回復の可能性が困難なこと、そして知的レベルや情動面での障がいの改善の見込みを「非常に少ない」、この状態は持続するとしか言われませんでした。

それだけに周囲も本人も「どうなったのか」「どうすればよいのか」「なんとかならないのか」の疑問を胸のうちに繰りかえすことになってしまうし、とくに本人にすれば「やけっぱち」の心理状態になってしまうものと察せられます。

さて、そんな毎日のくりかえしのなかで、とにかくTさんは話を聞いて理解をする能力はある、との前提に立って、職員としては話しかけることを積極的に試みました。手を出す前に声や話を聞くことをされている様子がみえてきたからです。

入所後一年を過ぎたころからTさんは奇声をあげられることが次第に減り、袖とおしの簡易な衣服を自分で着てみたり、欲しいものがあると指さしたり声を出したりして要求されるようになりましたし、職員の問いかけにジェスチャーで「そうや／ちがう」を答えたりするようにするようになってこられました。

当園の居心地と周囲の人々との人間関係を快く受けとめられるようになってこられたのではないかと思います。そして、症状が治る、治らないへの煩悶（はんもん　心をいため苦しむこと）から、徐々に心が解放されてこられたのだと思われます。表情が豊かになり、笑顔じわもみられるようになりました。

＝酒を飲み、歌が歌える＝

職員の何人かがTさんと居室でいっしょに歌を歌ったよと報告するようになったのは、施設での生活三年目の春が過ぎたころでした。同年十一月には厚生年金休暇センターへ一泊旅行に出かけました。広くて大きな和室宴会場で利用者・職員とも四十数名がお膳を前に飲み、食べ、娯楽にカラオケを歌いました。Tさんは担当の職員と「北酒場」を歌いました。マイクから流れるTさんの声、低く強く歌うTさんは見事に歌いました。前田園長はじめ支援職員と看護職員がびっくりし、また感動し共鳴したことはいうまでもありません。

現在では自分の要求や考えを他人にわかりやすく伝える努力、言葉やしぐさをはっきりと表現するように自分から努力されています。面会に来てくださった人と会話のやりとりができるようになってきましたし、以前は介助者の背中をかきむしっておられた方が、今は介助者への協力は何事にも積極的です。

私たちは、施設生活三年目という年がTさんの良いことが雪だるまのようにどんどん大きくなった年だと思っています。静かで地味な当園での生活のなかに心の微笑みの得られる体験ができたと喜んでいますし、ご本人の理解や努力も大変なことだったと思います。

第一、精神科医からも障がいに負けず人間的な能力を回復されてきているTさんに対して、「頭脳の機能が再生されてきているのかもしれない」との診断がつい先日おろされたのです。

これからも周囲の期待を強要したりすることはせず、今までのように自然に暖かい人間交流のなかでTさんと励ましあっていくのが一番よいのではないのかなァと考えています。そのうえで、これからもますますTさんにとってよい方向へ、思いの叶う生活へと、進んでいってくれることを願っています。

番外の話であるが…事例のTさんは酒豪（しゅごう　酒を嬉しくたくさん飲む）で、入所後はじめての精神科CTスキャン撮影の際に筆者は立ち会い、介助したが、検査機械を動く側の手腕でつぶされては困るというので、睡眠剤を使うことにされた医師をびっくりさせた経験がある。

一度目より二度目の睡眠剤を強くされた、それでも眠らない姿に…三度目の薬剤は…。それに対してTさんは舌を数回動かされたのである。薬剤に含まれたアルコールに反応し、味をたしなまれた…ようであった。「アカン」検査は中止された。ただし、この何年か後には、何ら恐れられたり嫌がられることなく、睡眠剤なしで検査を受けられるようになったのは、右の事例から当然の推移である。

筆者がとても嬉しく拝したできごと。それは、この数年後に、一時は面会するのも気持ちをひいておられた長女さんが結婚され、自宅を花嫁衣装で出かけられることになり、その自宅からの門出にTさんは前夜から帰宅され、「おめでとう」「うれしい」と父親としての祝福の言葉を伝えられたとお聞きした時である…。

右の事例を読んでくださり、気持ちよいあいさつや意思疎通しようとする努力を繰り返す支援主体者の心がけや工夫の日々が、利用者の変化を誘うことがあるということに、同感してくだされば幸いである。また、本人の意思を確認し、人としての尊厳を尊重する（可能性を試みる）態度の共有と取り組みを読みとりいただいたとしたら、誠に感謝したい。社会福祉の仕事は、利用者との接点で、気づきと努力を同僚と共有できる、そして利用者も職員も互いに変化し成長していけるものであると考えられるから。

第三節　支援する人への応援と育成助長

筆者が従事した施設・事業所で、園長の前田師と同僚職員とともに筆者が支援してきた事例を紹介しながら、社会福祉事業を可能性あふれる活動とするための配慮と努力の仕方をふり返っているが、次に「利用者の立場に立つ」ことが超難しいと感じ続けてきた事例を紹介する。

ある職員に、筆者たちは、だれ一人放っておかない支援をしているものの、利用者自身の満足度が把握しがたい事例を取り上げてもらった。その人が今日ある存在として、尊重していくのに、まず、職員の眼差しにみえる「その人」像をそのまま記してみてはどうかと、提案したのが執筆の出発であった。

「その人の心みつめて」と題するリポートを紹介する。

＝序　章＝

だれもいなくなった食堂にひとり、今にも泣きだしそうな顔で、右手に広がる窓から外をぼんやりと眺めている彼女。

うつろな目で、何を見るでもなく、手はしっかりと車いすのリングをにぎったまま、こころがからっぽになったかのように。

いつものように、ひとりで最後まで昼食を食べていたのだろう。食べ終えて、この窓まで来る五メートルに一〇分は費やしただろうか。

もう車いすを動かすことをやめてしまったのだろうか。

そんな彼女の少し右に傾いた後ろ姿を見る時、十年間ずっと彼女のそばで接してきた、私たちの力のなさを感じる。

彼女は私たちに「体のハンディ」のある人の心を援助していくことの大切さと難しさを教えてくれました。

＝利用開始八年目＝

彼女のからだと心の衰退はピークに達していました。

「自力での車いすの操作が困難で、介助が必要かと思われる。また、本人もそれを望んでいるようだ」

「車いすからベッドの移動困難」
「無理な姿勢での車いす操作からか、手と足のしびれを訴えてくる」
「よく倦怠感を訴える」
「ぼおっと窓の外を眺めていることがよくある」
ここまで、彼女のすべてに対する意欲を奪っていったものはなんだったのでしょう。

＝利用開始＝

脳性小児まひによる障がいをもちながら、三十年間両親とともに暮らしてきた彼女は、両親の高齢にともなう介護の困難さから当園に入所してきました。

「子どものような純粋さ」これが入所時の彼女の印象でした。

入所後半年間を経て自分なりに車いすを操作することに慣れ、自分の力で好きな場所へ移動できることの喜びを知りました。今まで母親が押さなければ動くことのないと思っていたものが、自分で動かせることを知りました。

いろいろな人の部屋に遊びに行っては、いろいろな話をして彼女なりに充実した生活のように思われました。また、私たちもそうした彼女に心から声援を送っていました。

＝利用開始二年目＝

「なにもかもイヤになった！」
「ええことなんにもない！」

「イヤなことばっかや！」

「すぐに帰りたい。帰らして！」

生まれて三十年間、母親に自分のすべてを委ねてきた彼女にとって、施設での集団生活はさまざまな点で彼女に心の矛盾をあたえ続けてきたようです。

自分で動く。自分で服を着る、自分でごはんを食べる。自分でトイレへ行く。

寝てすべてを世話されている人もいるのに、自分は起きて自分のことをしなければならない、汗だくになって。押してもらっている人もいるのに自分は自分で車いすをうごかさなくてはならない。「そんなのはカナン。私やってほしい…」。いろいろな人がいて、いろいろな職員の対応がある、という状態が彼女には理解しがたいことのようでした。

他人の理解を超えたさまざまな集団生活の窮屈さや矛盾が彼女の心からあふれ出ました。それは職員に対する不満や反攻となって現われ、ただちに母親との生活を渇望する心を呼び起こしました。

この頃より、彼女はしきりに母親へ電話を入れては面会を希望しました。ここでの自分の苦しみを訴え、家へ帰ることを繰り返し主張しました。

今まで彼女にすべての愛情を注いできた母にとって、彼女のすべてを受け入れてあげたいという気持ちは、幾度なく母親から申し込まれる「家に引き取りたい」という言葉となってかえってきました。

しかし、彼女の将来を考えるとき、はたしてそれが彼女にとって良い方向であるのか、母も兄姉もそして私たちも、これからの彼女の人生に思いをはせました。

＝四年目〜八年目＝

「祭りには連れて帰ってや」

「秋になったら帰れるんやな」

その後も、彼女はしきりに「家へ帰りたい」それだけを唱えていました。

そのことだけが彼女の心を占めてしまい、他に何をする意欲も消えていきました。手足の痺れがあらわれ、今まで自分でできていた動作も一つ一つできなくなり、その都度私たちも援助の方法を考察しては、少しでも彼女の意欲が取りもどせるように取り組んできました。

みんなといっしょに旅行や買物に連れ出したり、興味のありそうなクラブ活動に誘ってみたりしました。しかし、その一瞬は良い笑顔をのぞかせるものの、次の瞬間にはまたいつもの無気力なけだるい表情に戻っていました。

＝心の援助＝

その時その時は、私たちなりにできうる限りの援助を彼女に対して行ってきたと思っています。

しかし今、廊下で独りたたずんでいる彼女を見るとき、私たちの援助に何か欠けていたものがあったのではないかと感じます。

母親の愛情だけを受けいれてきた彼女に、私たちが受け入れてもらおうとしてきたものは、彼女にとっては理解しにくい不透明なものだったのではないかと思います。

それは、彼女の身体的な機能の向上を目指そうとする結果、それへの反動を単に彼女の甘えであるとか、依存心であるとか、そうしたあまりにも常識的な判断で理解してきたからではないかと。われわれはもっと彼女の心をみつめて援助する者でなければならなかったのではないかと思います。

＝一〇年を経て　いま＝

彼女は今、一生懸命に四角いボードにペグを並べています。親指と人差し指に力を込めて、いまにも落としそうで、ぎこちない動きですが、一つそしてまた一つと確実に並べていきます。始めたころは、十個並べるのに一時間くらいかかっていましたが、今では十五分くらいで並べられるようになりました。

手・腕の機能がいちじるしく低下しだし、スプーンも十分に握ることができない状態から、少しでも自分の手で大好きなお菓子が食べられるようにと、昨年より機能訓練に参加しています。いっときからすると心も身体もずいぶん元気になってこられました。

彼女がペグをつかみ、ボードへ移動するとき、ペグを見つめる彼女の目の奥に、意欲の端っこが見え隠れしているようです。

ボードに置かれたペグの一つひとつに彼女のそんな心が置かれているように感じます。

この人への支援はいかがだっただろうか、またこの人への理解は支援者としてどうだっただろうか――。

前田師は、この種の質問に答えを求める筆者を制止して、よく、人と人との関係性の理解、とくに母と子とのつながりへの理解を言葉や考えで行おうとする、そのことの難しさを、むしろ理解するように戒められた。親の胎内にいる子への母の思い、そこから始まる育ての心配や労苦、そして陣痛があり出産があって、目に見えた形での子育てが始まる…その時、そして生育途中でのたくさんの労苦…それを思うと、なにをもって他人が介入できるか…できない場合が多くあることを教えられた。

子育てのあとの親子の情の交流も変化する…たくさんの要因要素の中で…。それぞれの立場を分けてなど…支援者は分析したい、言語化したいと思うが、親と本人にそのような事態のかみ分けは無理に等しい。本人たちでも混乱し、あるいは記憶の外にある場合に…語りようがないことを筆者は教わった。理屈ではない、一貫しているわけではない…親子の情なども。

右の事例の場合に、むしろ、支援者への助言や励ましが必要と思料される。表情の芳しくない、あるいは変化の少ない利用者であって悪くはない、だれのせいでもない。少しの変化を感じとっている支援者を尊重し、明日の活動につなぐ励ましが施設長やリーダーから行われることが肝要であると考えられる。

第三部　個人を尊び可能性伸ばす社会福祉事業の拡充を

――利用者も支援者も、そしてグループ自体も

第一章　練習は不可能を可能にする

――日々の取組みへの工夫と努力

第一節　ふりかえりを大切に

今日、社会福祉法において、社会福祉事業は自立支援を目的として福祉サービスを提供している。同法は、福祉サービスを必要とする人にそれをとどける仕組みを具体化している。そうすると、その仕事を経験している従事者としては、もっともっと当該の福祉サービスを利用している人の生活の様子や自立の度合いを振り返り、同僚と語る習慣があってよいのではないかと思われる。また、日々の生活活動の様子や変化、福祉サービスへの満足度あるいは効果の度合いなどを該当する利用者と語る習慣をもつことも奨励される。

さらに、支援者としては、福祉サービスを利用する人にどのような思いで接し、どのように支援しているかへの抱負や実績が同僚や上司に語られてよいと思う。

事業所で福祉サービス提供の方針や方法策定に直接関与しているチームリーダーを含め、これらの評価を就業習慣のなかに取り入れられていくことを心から望みたい。社会福祉法にも事業所が「サービス評価」を行うことを要請している時代でもあるのだから。

一方で、チームのなかにいる従事者の場合を考えると、「自分が判断や評価するのは、むずかしい」と考える向きがあるのも懸念される。

いくつかの例を想起し、考えてみると、⑴集団あるいはチームのなかにいて思うにまかせないことが多い⑵目標をかかげてみても共有し努力する同僚あるいは上司に恵まれない。ひとり自分だけで完結する仕事ではない⑶次々と必要とされる仕事を緊張感をもって果たしていくのに精一杯⑷人手不足だからいろんなことを次々としなければならない、希望することを実行できない…。

筆者の大学の恩師は、「それやぁ、厚労省が福祉の仕事（制度の実施）を安く見積もる、その歴史を繰りかえしているからさ。昔からだよ」と語られたことがある。「福祉の現場の人は、余裕のある仕事をさせてもらってないんだよ…」とも語られていた。

この言葉は、衝撃的であった。

というのは、筆者の職場が加入する全国身体障害者施設協議会がいまから約三十年前に、会長からの提案を受け、全国に当時約二七〇施設ある事業所から職員の代表者を送り出し、道府県別を基準として情報と意見の交換あるいは提案討論する交流会議を定期的に開催し、全国七つのブロックでその活動を集約するという総合的な取組みを行う、そのリーダーを筆者が引き受けた報告の際の発言である。委員会の名称は、「利用者の生活の質向上のための施設サービス検討委員会」。都道府県でも七ブロック別でも全国でも、担当協議員（施設長）が指名されて会議に同席するが進行責任はすべて職員代表者が執行することになっていた。

すべての会議を持ちまわりの施設事業所において開催するのが原則とされた。お陰で筆者は、全国津々浦々の施設事業所スタッフの活躍ぶりに接することができたのを覚えている。

大学の恩師は、厚生省（現在の厚生労働省）専門官として勤め、とくに老人福祉法制定の際には、老人クラブ活動を奨励推進する条文の策定と制度設計に携わられたほか、個人的には厚生行政のあり方と進み方を絶えず吟味検証してきたうえでの発言であるが、しかし、「…それは仕方ない現象だよ。きみが意欲的にしようと考えるのならやってみるさ」と語られるのを聞き、利用者の生活の質を高めるための施設サービス検討に参画した経緯がある。筆者はこの大学の恩師との対話を境に、「わたし（たち）の仕事を良いものにしよう」「良い仕事をしたいものだ」と考えるようになった。やってみたら…と言われたものだから、その気になった。

この助言への考察はのちにおこなう。

施設サービス検討活動が誕生し、あちこちで従事者の意欲と施設事業所の改善を志す機運が盛り上がったのは言うまでもないが、半年から一年ほどの間に最もすばやく全国的に改善をみるようになった例を二つ紹介したい。

ひとつは、利用者への呼称である。利用者の様子を反映してであろうが、職員が親しみを表すのに「…ちゃん」「…くん」を付けて利用者に接していた事例をすべて「…さん」にしようとの全国的合議が整ったことである。各地で議論したこと、それは、成長過程にある人、今後にも変化されていく人に対してわれわれは尊重が足りなかったのではないか、尊重尊敬を表して利用者に接するスタッフの態度を改善するのに、すべて「…さん」と呼ぼう—。

いろんな議論が沸き起こった、いちばんわかりやすい議論、それは…ご本人から「それツメたく思うよ」との反論。しかし、ていねいに呼称することで、ていねいな接遇が可能となったという事例も多く報告された。筆者は自分の体験的に、利用者をニックネームで呼ぶこともある、しかし、会話の中で必ず接遇の基本に立ち返って、「…さん」とお呼びしてみようよと伝えたこともあり、今日でもそれを励行している。

実は、筆者の職場では、この機会に職員同士も「…さん」づけすることで合議統一し、その習慣は数十年を経た今でも続いている。年下でも年上でも、男性でも女性でも職位にかかわりなく通用する呼び方として、苗字を尊重する、親しき仲にも礼儀ありの尊重心を継続している。

次に、討論を始めて半年も経過するとき、中四国ブロック、ことに広島県の人たちから、「給食」と呼ばずに「食事サービス」と呼ぼうと提案があった。

そして、一つ目に食事自体を「食べる楽しみが増える」ようにしよう—献立や調理・調味・仕上げ方法など利用者本位に考えてみようという意見と共に、二つ目に「食べるときの楽しみを豊かにしよう」との提案が示されてきた。献立紹介の仕方、食器にテーブルやいす、飾りつけの仕方あるいは音楽…など雰囲気や調度への工夫の仕方を話し合おう、バリエーションを広げようとの主旨の提案である。この提案は、わたしたちの討論全体にも拍車を与え、「このように」という例示が次々に示されるようになったし、他のすべての検討項目でも同じように多角度的に行うようになるなど、大きな影響を与えた。

筆者はこの活動は、日々の取組みを振り返るところから始めたのが効を奏したと考えている。わたしたちはこうした、こう考えた、成功した…という成功例はたくさんあることがわかったことが大きい。当然、こう考える、成功させたいという抱負も示されてきた。

社会福祉事業の現場は試行錯誤している…その上に職場ごとに成功しようとしていることが、肌感覚で理解されるようになってきた。

ちなみに、最終の「検討報告書」は議論を重ね、パラグラフ形式（一つのトピックをいくつかの文章で表す）を使うことで、施設サービスが課題とするたくさんの案件（トピック）を散りばめるとともに、すぐに合意し活動に移せることもあるのに対し、そうもいかないこともある、そのいずれも掲げて、意見の広がりや試行錯誤など幅のある課題であることを明示した。また、今は結論が出ない、しかし後日討論や研究あるいは試行錯誤を続ける値打ちがある、そういう課題も今後の課題として残るように記した。この最終報告書案をめぐっては全国七ブロックを通じ、都道府県会議、あるいは施設事業所にパブリックコメント（意見募集）を行った。

ここでは、紙幅の関係で二つのトピックのみ転載する。

職員は、生活主体者としての利用者を尊重し、専門職としての向上をめざす

【職員の職務】どのように重い障がいをもっている人も一人の人間としての尊厳をまっとうしていく。そのための援助が職員の職務である

【現状の認識】利用者一人ひとりが自己実現に向かっての希望や可能性をもっている。施設生活の中で個人的な欲求や自己実現のむずかしさも体験している

【職員のあり方】 職員は、一人ひとりの利用者の尊厳と自己実現に向けて援助していくチームの一員である

【必要なこと】 職員の研修意欲と研修機会の充実

添付資料　当事者への対応の基本（ここでは略します）

利用者の身近な相談相手としての職員の役割を強化する必要がある

【現状の認識】 利用者はさまざまな希望や要望、そして困惑や悩みを生活のなかにもっている

【職員の役割】 職員は利用者が生活し自己実現していく過程でのパートナー（同伴者）であり、そのための相談を受けつけ、利用者と共に具体的な解決に向け行動していく役割がある

【施設のあり方】 利用者が職員に相談しやすく、職員も気軽に応じられるような機会を充実させる。それとともに、職員をスーパーバイズ（相談受付し助言する）し、職員の問題意識を啓発し相談能力を高める専門職員の配置が望ましい

【条件整備】 多人数への連続介助を余儀なくされ、利用者からの相談にのれないことが多い。人員配置の強化が望まれている

みられるように、社会福祉事業に従事する際に、従事する一人ひとりが課題や問題、あるいは限界と感じられることに対面する可能性は大きい。一般的にはそこにとどまってしまう。しかし、心意気や具体的なヒ

ントを同僚あるいは同業者から得ることで、一旦停滞しても回復するきっかけを得ることになる。ゆえに、「ふりかえり」を同僚や場合によっては業界でおこなう値打ちが高い。

筆者は、三年近くにわたる検討を終え、種別協議会総会で六〇分の時間割り当てを受け、全国委員長としての締めくくり報告を行ったが、この「ふりかえり」活動を職員として、また所属するグループと事業所全体として、そして都道府県の共通課題で取り上げ意見交換できたこと、それをまた全国委員会で情報共有し意見交換できたことに心からの感謝を伝えた。

そして、その内容を逆ルートでそれぞれの事業所に、豊富になった事例・情報あるいは議論の選択肢と共に届けることができた。このことにより、「職員は利用者本位に取り組む」という目標を協議会全体で掘り下げることができた。その成果によって、私たち職員の視野が広がり、視界で目にするもの・考えることが増え、いっそうのサービス内容改善への積極性と研究心が拡充されたことを伝えた。そして、結びに、私たち職員は、このたくさんの情報と選択肢をもとに、さらに意欲をもち施設サービスのいっそうの充実を目指し、翔ぼう・伸びよう・思いの裾野を広げて！という趣旨の言葉でスピーチを終えたのを覚えている。

その際にも述べたが、こうした検討会設置を提案した徳川輝尚当時会長（全国社会福祉協議会元副会長）と提案を承認された協議会の英断に感服する、と共に、これに続くような機会が、事業所においても、事業団体においても、今後に行われることを強く願う次第である。

第二節　目標高く　仲間と共有

本章のタイトルに掲げている「練習は不可能を可能にする」―この言葉は、慶應義塾大学の小泉信三元塾長が「スポーツが与える三つの宝」と題する講演で語った名言である。昭和三十七年に慶応義塾体躯会（体育会）創立七十周年記念式典でのこと。

元塾長は、自らはテニスを愛し、テニスを愛する人たちをたくさん育てたことで有名である。現在の上皇ご夫妻の恋愛成就にもテニスで仲介されたとお聞きしている。

講演では、解説の不要なわかりやすいスピーチをされているので、関係する部分を次に紹介する。なお、簡易な文字の利用をはじめ、できるだけ読みやすく編集したことをご了解ください。

（前略）スポーツがわれわれに与えるところの三つの宝というのは何か。私は第一は練習の体験をもつことが、われわれのスポーツによって受けるもっとも大なる恩恵の一つであると思います。

練習によって不可能を可能にするという体験。これをわれわれは体育会の生活によって得たと思います。

人類の歴史を大観すれば、その歴史というものは、私は大体において不可能を可能にしていく経路である。こう見ることができると思います。過去において現在に至るまで、人類は無数の不可能を可能にしてきたのであります。その不可能を可能にするのかはいかにしておこなわれるのか。

（中略）いま一つ不可能を可能にするものはなにかといえば、練習であります。練習によってわれわれは不可能を可能にする。まあ早い話が水泳で、水泳を習わない者は水に落ちれば溺れ（おぼれ）死ぬ、水泳を知っている者は浮かぶ。水に落ちればすぐに死ぬ動物と水に落ちても生きる動物とでは全然別種の生物と言ってもいいくらいでありますが、練習によってわれわれはそれをなし遂げ得る。また子どもが水に落ちたのを見てそれを救うことはできないか、あるいは水に飛び込んでそれを救い得るかということは、私は道徳的にみて非常な違いだと思いますけれども、この道徳的な非常な違いは練習によって得られる。

スポーツはこの体験をわれわれに与えるのであります。理屈でも説教でもない、ただ練習によってわれわれは不可能のことを可能になし得る。

（中略）無数の不可能が練習によって可能になるという体験は、われわれ人生において非常な大切な体験でありますが、皆さんは、また私どもは体育会の生活によってその非常な大切な真理を身に備えた。体得することができたと言えると思います。

孔子の論語の初めに、「学んで思考して時にこれを習う、またよろこばしからずや」というものがありますが、ならうというのは「習」という字が書いてあります。習うという字は羽の下に白と書く。これはひなどりが羽ばたいて飛ぶことを習う形を表したということでありますが、ひなどりは初めは飛ぶことができない。羽をはばたいて幾度か繰り返すことによって空にかけることができる。

諸君も体育会の生活において、到底できないと思ったことがただ練習を重ねることによって可能となったという、非常な尊い体験をお持ちであろうと思います

人類は無数の不可能を可能にしてきた——われわれは練習によって不可能を可能にすることができるとの至

言を胸にすると、力強い。目標を掲げ、練習を重ね、可能にすればよい。そのためには、ブレることのない「目標」をもつこと、そして効果的な練習が必要である。繰り返し、結果の出るまで、着実な練習が必要となろう。

ちなみに、小泉元塾長が講演で掲げられたスポーツが与える二番目の宝は、フェアプレーの精神。三番目は生涯の友である。

筆者は、前田秀導師からこの言葉を教わった。もっとも、前田師は、さてだれから伝え聞いたのか、だれがどう言葉にしたのか…知らないが、社会福祉事業に従事し、利用者にリハビリテーションの可能性を伝えていくからには、この言葉を大事にすることにしたと語られていた。

ややもすると現実の課題にいくつも直面し、心をふさいでしまいたいような生活が続く場合でも、そうではないと気持ちを変え、気持ちを明るく温かなものとしていくのに、この言葉は有効である、希望があると語られていた。筆者はその後、この言葉が右に記した経緯をもつことを知ったが、前田師と共に、この言葉の意味するところを職業人としての「誓い」とすることにした。

この言葉は、個人であれ、グループであれ、家庭であれ…可能性を求めて、時には、可能性を広げて進んでいくのに勇気を与える。目標をかかげ「練習（努力）する」ことが値打ちあることとして、理解されるに違いない。

職場においては、同僚や上司、関係者に意思疎通し、目標を設定し、その目標の達成過程、たとえば準備の内容と方法、そして日程等を共有し進むことが、とても意味と意義あるものとなると思われる。その実現には、繰り返すが、努力がいる、練習がいる。それと、一年や二年…あるいはそれ以上の年月が必要な場合もある。それまで、じっと耐えて努力を重ねる。

いま成功しなくても、成功するときを迎えればよい、その時に「やった！」と安堵し喜べる謙虚な自分（たち）がいるかどうかだ。成功を手にするぞと誓って、努力と練習をかさねてみることを信条とし、前田師も筆者も座右の銘とした。

さらに、筆者は、練習という言葉に加えて、「精進（しょうじん）する」という言葉の活用をおすすめする。もともとは佛教用語であるが、つまびらかに進むと読む。万般の整えや配慮をして進んで、ものごとをしかも万般において成功させるという意味と解釈しているが、目標をかかげた際に、どのようにして獲得するか、獲得できるのかを考えるとともに、すべての留意事項をクリアしながら進みたいと思うときに、精進するという言葉をゲットした。小泉信三元塾長の練習するに近いと思う。

ひとまずは、スポーツ界で練習し精進する人たちへの小泉元塾長のメッセージであるが、私たち職業人（職人）に通じる言葉だと考えられないだろうか。

次に紹介する事例は、「グループ」を使って、重度の肢体不自由のある人たちとその支援者たちが、練習体験を共にしながら、演劇を上演して人に見て楽しんでもらうという、有意義なできごとを成功させた記録である。以前に筆者がグループワークの学習書の一部として上梓したリポートを編集しなおしている。

お読みくださり、いま述べてきたことを振りかえりしてくだされば、幸いである。

第三節　努力かさね　可能性をゲット

この節では、筆者と筆者の同僚（支援主体者）が、生活主体者である利用者と共に演劇活動を行い、努力し取組んだ経過を紹介する。

演目は「夕鶴」。もともとは「鶴の恩返し（おんがえし）」伝説であり、木下順二さんが昭和二十四年に戯曲として発表した。その原作をできるだけ忠実に上演しようと決めた。

命を救ってくれた与ひょうのもとで生活を共にする「つう」と称する鶴。昼間は人の姿をして与ひょうの生活を助け、また近所の子どもたちと仲良くして過ごしている。与ひょうは、夜のうちにつうが「部屋をのぞかないでほしい」と言ってはた織りに励んだ、その織り物を都へ売りに出かけ、収入を得るようになる。心のきれいな与ひょうに恋し、生活を始めたつうだったが、村の知人の誘いとお金に影響され、心変わりしていく与ひょうの姿と心の様子をつうは悲しむ…これが、前半の見せ場となる。「あなたの声が…言葉が…私にはわからなくなってしまった」と独白するつう。

後半は、見ないでほしいと頼まれていたつうのはた織り姿を知人から再三の誘いを受け、ある夜、すったもんだのやり取りの末、与ひょうたちが見てしまう。そこには一羽の鶴が…。

その後、与ひょうの家を一羽の鶴が夕日に向かって飛びたっていく…与ひょうは「つう」と大きな声で叫び、立ち尽くす。

映像と役者の姿と声、ともに申し分のない終幕を迎えるが、美しさと人の心の哀しさ（かなしさ）あやうさを感じさせて幕を閉じる

この夕鶴上演のグループ活動を希望する利用者と役割を割り当てられた支援職員十数名が参加した。以下のリポートの出典は、『福祉グループワークの理論と実際』ミネルヴァ書房刊・第十二章に筆者が執筆し掲載したのを、今回、読みやすく編集しなおした。

〈演劇「夕鶴」グループ〉

グループの種類　利用者のうち「滋賀県土山町障がい者の日」集いで演劇に出演を希望する人たち。この集いは、法人・施設が行政と町内各種団体に呼びかけ開催した

グループの目的　仲間とともに一つのもの（演劇）を創造し、完成させる喜びを体験する

最初の活動日時　〇〇年十月二日　午前十時より十一時四十分

場所　地域交流ホームのホール

演出担当職員　松本、岡田（苗字はすべて仮名・以下同じ）

出演者　舞台上での演技担当　利用者七名（男四、女三）　職員一名（女一）

高宮　男　四八歳　　長浜　男　六五歳　　兵頭　男　三二歳

上田　女　四二歳　　池辺　男　三〇歳　　花井　女　二三歳

山岡　女　五二歳　　北川　女　職員

出演者　舞台そででのせりふ担当　利用者五名（男二、女三）　職員一名（男一）

向田　男　四五歳　　　神崎　女　五九歳　　　西中　男　六四歳
田村　女　六三歳　　　川村　女　六四歳　　　北村　男　職員
介助・演出・出演者補助　　職員三名（男一、女二）
※当該事業所での演劇づくりは、車いすや杖を手放せない人たちに演技に集中してもらうのと、できるだけ多くの人に能力を生かして参加してもらうため、舞台上の演技者と舞台そでマイクに向かってせりふを伝える人を別々にしている
※この事業所で利用者が演劇づくりを通じて仲間との協働による創作活動に取組んだのは、約十年前のクリスマス会
※今回は音響や照明に専門技術者を起用せねばならない、設備の整った文化ホールを借りた。過去には、施設内もしくは町文化祭会場、あるいは中学校文化祭で、すべて利用者・職員手づくりで希望者を募り「笠じぞう」「もちもちの木」「人形峠」「セロ弾きのゴーシュ」「ゴンぎつね」などを練習し発表してきた。

《取組みの実際》

活動の主要経過　(1)準備期　八月六日〜九月二十五日　製作会議、出演希望者募集など
(2)開始期・移行期　十月二日〜二十八日　意図や物語確認、配役決定
(3)作業期　十一月二日〜十二月三日　練習約三十回
(4)終結期　十二月五日〜十日　実際の舞台での練習と本番
(5)終了後期　十二月十二日　反省会（五十七回目の集まりと解散）

(1)準備期での出来事

制作会議　催しと演劇の意図と方法の検討、演目の決定と脚本の作成開始、支援者スタッフ（演出、美術、小道具、衣装、効果）各係の役割検討

出演者募集、小学校の子ども役・友情出演者を数名確保できるよう小学校と協議開始

職員全体会議　催しと演劇の意図方法について連絡と連携

直接、間接に支援する職員の意思疎通と役割分担

企画会議　開始にあたっての準備　出演者と配役内定と練習等計画の内定

この準備期には、催しと演劇の意図や目的をわかりやすい表現で利用者にも支援にあたる職員にもしっかり伝え、早く共有できるように努力した。ＶＴＲを使い、演劇の様子も学習した。

とくに、企画立案した職員の意欲を利用者に明確に示すよう努力した。利用者に「一緒にやっていきませんか」、会場の規模なども説明し、今までと異なる「本格的な開催」であることを伝えた。この周知の目的は、発案者の意欲が伝わって、その意欲に利用者が「それでは…」と決断する。やり始めたら、試みの意図や方法が確かな場合、利用者の意欲が発案者や支援者以上のものとして喚起されてくる…そういう事例を当該事業所では経験し、認めてきたからである。まさに、アートArtの世界である。

今回の試みは、「あの演劇をもう一度…そういえば」当時はあんなに頑張った、こんな思い出があると利用者に想起されてはじめて、「それでは…」という動機づけがその人に整うことを期待していたからでもあ

る。意欲の度合いの高さが表明されてくるのを心待ちにした。

次に、計画の樹立にはグループ編成前に素案をつくっておき、グループ編成後の適当な時期に実際に集まったメンバーの特性や思い、希望をくみとり、利用者と共にその計画を確定する方法を選択した。

この準備期から、演出担当職員の支援過程を確実で効果的なものとするために、耳を傾け支援するスーパーバイザー的役割を果たす職員を配置した。どうしよう…と担当者が迷い考えることはたくさん生じると考えられるので、この職員の孤立を防ぐことを目標に、提案ではなく示唆を与える役割をスーパーバイザーに期待した。また、このスーパーバイザーの能力を活用することも、グループ活動を成功させていく担当職員の資質・要素の一つであると考えたからである。

(2) 開始期、移行期での出来事

開始期　十月二日　第一回練習　演劇活動の意図の確認
　　　　　　　　　　　　　　　脚本の紹介と活動内容の説明

移行期　いわゆるウォーミングアップ　軽い練習
　　　十月三日〜二十八日　第二回練習 〜 第十五回練習
　　　　　　　　　　　　　配役決定のため演技班とせりふ班別に職員が利用者と
　　　　　　　　　　　　　　個別ないし数名でロールプレイを行う

利用者の様子（グループの記録から）

「第七回練習　せりふ担当者六人が脚本をはじめて全編読み合わせる。思っていたよりスムーズに進められ、約四十五分だった。田村さんは読み方が早い、川村さんは台本を見ていない、西中さんは教えたらその通り意外と上手にせりふが言える」

この期間、メンバーは担当職員が設定した練習プログラムのなかで自分の役割を演じようとし、あるいは自分の思いを担当職員に伝えている。

最初に示したこの演劇つくりの目標や意図が、自発的意欲的にメンバー自身のものとなるかの萌芽期であり、そのため担当職員としては、せりふ担当者が楽しんで言葉を発するように、演技担当者は気軽にパフォーマンスできるよう配慮する必要があった。また、メンバーの疑問や関心に耳と心と頭脳（分析力）を傾ける姿勢と態度が不可欠であった。

なお、話し方、行動の仕方には右記「利用者の様子」における三人のように、個性（言語障がいなど）があった。この個性の原因は、たとえば経験にあったり識字能力によるものなどがあったので、「一緒になって」工夫しよう、改善しようとの意識を担当職員とメンバーが個別に共有するのがこの時期であったといえる。重度障がい者施設での活動支援にはこうした移行期（ウォーミングアップ）は確実に準備しておくことが必要である。

(3)作業期

期日　十一月二日〜十二月三日

出来事　第十六回練習～第四十五回練習
内容　本格的な演劇づくり。脚本の場面別に演技とせりふを徐々に形づくる
利用者の様子（グループの記録から）
十一月六日　第二十一回練習　場面③をせりふに合わせて動作練習を行う。七十五番せりふの時の北田さんの動作に迷う。
兵頭さんが自分の体の動きを工夫しながら、倒れても自分から起きて、今にきちんとできるから（不随意運動と下肢障がいで急に立ったり座ったりが不得手）と言って皆の了承を得ようとしていたのが、皆の刺激にもなっていた。
十一月八日　第二十三回練習　場面③の練習を行う。北田さんの七十三番七十五番のせりふ（与ひょうが街に出てつうの織物を売った、その時の「お金」のために与ひょうのつうへの純粋な心に迷いが生じてきたことをつうが悲しむ場面）は、せりふ係の声ではなく、役者本人の声で演技することに決定。「つうの独白」場面は、静かにスポットのあたる部分だけに、今までの演劇活動にない試みを行うこととした。
十一月十三日　第二十八回練習　場面①②の練習。場面②の終わりと場面③の最初の部分を変更する。その方が演技もせりふも感情が伝わりやすいと関係者が相談し決めた。
十一月二十四日　第三十六回練習　全体を通じ練習し時間をはかる。一時間弱。場面転換の工夫があれば、そんなに長く感じないのではないか。このくらいかなというのが何人かの意見だった。ただし、演技が全体に小さい、動作がはっきり覚えられていない。

十一月二十七日　第三十八回練習　場面②③の練習を行う。昨日とは違ってきょうは動きがよい。高宮さんがムードメーカーとなり皆の頑張りを誘っていた。高宮さんはじめ向田さん、神崎さんなど、毎日の生活面でもかなり深刻にどう演技するか、せりふを言うかを考えながら過ごしている。高宮さん（立位困難）が座位から這って、奥の部屋のつうの姿をのぞこうとする移動動作が形になってきた。努力されている。

この時期は、一回約一時間三十分程度の練習を繰り返した。第三十七回目には衣装合わせ、照明合わせも行われるようになった。

重度身体障がい者施設の場合には、メンバーの日常生活上の変化は、職員間の連携が確かであればよく把握できるし、利用者からの相談にも随時応じられる。メンバー個々の状況に合わせて、周囲の理解や応援をえることも担当職員が中心となって行うようになった。

せっかくするのだからと、衣装や効果、そして美術小道具の職員の応援にも熱が入る。そうしながら、冷静にメンバーの様子を把握し、助言や協力、励ましを行う――これが演出担当職員の視座であり、仕事の基軸となった点が成功したようである。

たとえば、「夕鶴」で大きな場面転換となるシーンの一つ、その「せりふ」を次に掲げる。

「このどあほうが。大金もうけをするちゅう時に、気の毒もなにもあったもんだが（惣ど）」「あっ、こら、いかん。のぞいてはいかん。織っとる時は見ちゃならんちゅうて（与ひょう）」

「ええ、うるせえ。織っとるところを見にゃ、ほんまもんの千羽織りかどうか（惣ど）」「いや、いかん。いかんちゅうに。つうに怒られるだ（与ひょう）」「ええい放さんか、やい放せ。……や、やっ……やい、おい、見てみい。鶴だ。鶴が機を織っとる」

本来、このシーンは惣どと与ひょうの押し合いへし合いする「行動的」な演技が必要とされる。しかし、惣どを演じる兵頭さんは、日常的に歩行器を使用し、筋肉の不随意運動を支え転倒防止している。与ひょうを演じる高宮さんは、歩行困難のため車いすを利用している。ところが、舞台では、歩行器も車いすも使わないことにした。

舞台では、土間に座り込んだ高宮さん（与ひょう）がフラフラといつ転ぶかわからない兵頭さん（惣ど）の動きを制止しようとする演技を行なおうとするが、座位の状態からは高宮さんとて兵頭さんに近づけない。

演出担当職員は二人に相談をもちかける。「どうしようか」。

兵頭「ボクが高宮さんの方に行くのやろ」。演出「どうやって行く?」

兵頭「ボクは土間から座敷に上がるわ。畳の上で、こう這って行くわ」

演出「そうや、その途中に高宮さんがいて兵頭さんを止める……。」

高宮「こうやってか」。兵頭「そやけど、ボク倒れてしまうわ。足が言うこときかへん」……。

兵頭さんは高宮さんを倒すくらいの演技がしたい。高宮さんは、兵頭さんがつうの機織る姿を見るのを制止したい——この思いを確認した演出担当職員が決断したこと、それは黒子（陰の役・職員）が文字どおり黒い衣装を着て利用者の体を支えたり動かしたりする…、その職員がいったん倒れた高宮さんの背後から高宮さんの起き上がりを介助すればよい。

高宮「それなら、ボク、畳の上でおもいっきり、倒れるわ……そしてすぐに起こしてもらうわ」

結果的にこのシーンは、二人の演技者の気持ちのコンビネーションを黒子に扮した職員が介添えすることで、見る人に、行動のコンビネーションとして成功させることにつながり、原作者が意図した迫真の演技を何日間の練習で完成させるきっかけとなった。

利用者の意欲を実現しようとするもう一人の利用者、そして黒子職員と、この三者の「呼吸づくり」に仲間意識が功を奏した。

なお、演劇づくりの担当職員を支えるスーパーバイザーの役割や職員の相互の連携、認知と信頼はこの作業期に欠かせない。社会福祉の事業所の場合には、親集団がこの演劇グループを見守り支持してくれるかどうかが大きなカギを握っているからである。そのためにも、繰り返し関係者が企画会や連絡会を開き、活動スタート時の意図や考え方に立って、情報と考え方、そして利用者の変化（成長や困りごとなど）を共有する必要が高いのである。

(4) 終結期

期日　十二月五日～　第四十六回練習　演劇活動の意図と計画の完成

町文化ホールステージと施設で繰り返し練習を行う

十二月九日　第五十五回練習

演技役　衣装着用し、照明・音響スタッフを迎えて

せりふ役　暗転の中照明を頼りに演技を見ながら…

十二月十日　第五十六回本番　町文化ホールに関係者含む四八七人が集いに出席。同ホール開設以来の大入りのなかで演劇発表する

利用者の様子（グループの記録から）

十二月五日　第四十六回練習　実際のステージで演技者の場面ごとの位置決めと次の動作や移動の練習を行う。見慣れた施設内での練習と違い、ある種の新鮮さとここでやるんだとの緊張感が感じられた。

十二月六日　第四十八回練習　現地練習。施設の中よりもずっと大きいパフォーマンスで演技しないと観客席から見たときによくわからない。中央に役者が集まってしまっている。

歩行可能な兵頭さん、長浜さんにステージを大きく動いてもらうようお願いした。高宮さんも「倒れてでも動きます」と言う。実際には危ないので、黒子職員と舞台の相手役（つう役の女性職員）に見ていてもらう必要がある。

十二月七日　第五十一回練習　現地練習。途中でせりふ担当者と話し合う。施設での練習とは舞台の演技者との距離や目線が違うので、少々戸惑い気味であるとのこと。たしかに、演技者とのタイミングをとるのに神崎さんが苦労していた。

十二月十日　本番　演技担当者とせりふ担当者が一体となり、さらに音響・照明などの効果も相乗し、すばらしい「夕鶴」を発表することができた。

高宮さん演じる与ひょうは、つうと暮らす喜びと、その後につうが翔びたつ、別れ・悲しみの表情が観客に十分アピールできていたようだ。翔びたった鶴に「つう」と役者自ら叫ぶことが、グッとこらえたものを

発散する感じとなって現われた。

高宮さんは、ひと言なら発声できる――本人を含み、皆で考えた演出である。よくあの時に悲しみとつらさの発声をされたと思う。

兵頭さんも練習の時以上に、意識して大きく動作していた。ステージの上の自分を楽しんでいるかのように、表情もいろいろ変化していた。

「客席にたくさんの人がいてよかった」とは長浜さんの弁。幕が降りてからの一人ひとりの表情に「みんなでやり遂げた」という満足感の笑みを見ることができた。

演劇づくりの終結期には、演出担当職員の経験と知識に裏づけられたイメージトレーニングが最大に問われてくると考えられる。それぞれのメンバーが個性と状況に応じて変化するものだから。

もとより、利用者の日常生活においても、また演劇づくりにおいても、担当職員は利用者の「指導」者ではない。利用者の立場に立って一緒に経験し、考え、場合によっては予測したり、ふりかえる能力が必要となる。パートナーシップのセンスとフィーリングを演劇練習のなかで磨いてきた。練習による成果のひとつといえよう。

(5) 終了後期

十二月十二日　第五十七回反省会　演劇グループの解散と日常生活への効果の測定

利用者の様子（グループの記録から）

参加者全員が集まり、皆で演じたＶＴＲを視聴し、茶菓を用意し、反省会を行う。

利用者は、体調の不良のなかでしばらく練習を休んだ思い出、セリフが少ないのでステージでの演技のやり方に困惑したこと、補装具の具合がもう一つだったこと、同じ役割メンバーが言うことを聞いてくれなくて困ったことなどを話された。しかし、「ボクはみんなが頑張っているから、ボクも頑張らなと思ってきました」という与ひょう役の高宮さんはじめ、みんなが主役だった。

「お疲れさま」という慰労の思いは、全員に共通していたのがよかったと思う。

そして、明日から練習はないし、本番を不安に思ったり、あるいは楽しみにしたりすることもない…普段の日常生活が始まる。そのことがメンバーにとっても、職員にとっても互いによく理解されていたといえる。

思い出や経験、また体得した頑張りや身体機能、そして生活の意欲をどのように日常に反映させ溶け込ませていくか、応用できるかが、この後、職員にも利用者にも問われてきたのも事実である。実際には、この後、しばらくは利用者のなかに明るい笑顔とガンバリが絶えなかったし、支援職員の利用者への尊敬や尊重度合いがグッと高まったと記憶している。

第四節　あくなきトライアル

社会福祉事業の利用者に関係するところで、「練習は不可能を可能にする」との言葉を吟味するとしたら、スポーツやグループ活動のほかにも、さまざまに考えられる。

父母と離れて生活してみる
ひとり暮らしを可能にする
稼得収入を得て生活する
身体機能を向上させる
希望する生活をする・できるようにする　など
それらのトライアルは、精神的に耐えたり学んだりすること、道具を使い慣れること、人に教わることなどによって、練習（訓練）をかさねることとなる。
練習によって可能となる大きな利点は、努力し繰り返すことによって、自己決定する、その能力と素養が次々に問われ強化されることである。
端的な例でいえば、いま練習を続けるか中止するか、あるいはいま決めるか・あとでもう一度考えるか…である。そして、そもそも練習を始めた動機や目的を思いなおしてみる。それらの判断に成功（結果オーライ）していくことで、自己決定能力と判断能力が高まっていくと考えられる。
そして、もう一つ大事な利点。それは、何ごとも目標にこだわる（堅持する）習慣と共に、不可能だと決めないでトライアルする方法を考えていく、そうした素養や態度を身につけることができると考えられる。また、他者からの助言や提案を受け入れるかどうかの判断や経験もつちかわれていく。
ただし、ここまでは概ね、自立志向の旺盛な生活主体者にとっては想像しやすく、支援主体者としてもトライアルすることを勧奨（かんしょう　良いこととして、それを人にすすめること）しやすいといえる。しかし、何らかの理由によって失敗経験の重なっている人、断念している人、そしてさらに、さまざまな困難あるいは障壁をかかかえている人には、目標の設定、まして練習方法の具体化が難しいのも事実である。この場合に、筆者はじめ社会福祉事業従事者は、一般的にその人の「障がいの度合いが重い」といっている。

筆者は次に、この練習・トライアルの難しさを「自立志向と現状とのギャップが見受けられる」例として、説明したい。

たとえば、子どもの養護施設でのギャップは、発達障がいのある子ども同士がけんかする際の仲裁の仕方の難しさを例にあげることができる。

一般に、子ども同士のけんかは、興奮の静まりと共に「どうしたの」と聞き込むことから始まり、できる限り、誤認識を修正し、これからは仲良くしようと約束をとりつけるようにするのだが、コミュニケーション能力と人との関係づくりに制約があり、言葉で説明できない状態で子ども同士が対峙している場合には反省を求めるのが難しく、むしろけんか相手を引き離す（会わないようにする）しか、まずはおさまりがつかないという。

次に、成人期の自立訓練施設での地域社会への復帰ギャップの例は、高次脳機能障がいのある人（言語や認知、算数、感情の起伏などについて困難が生じるなど）の進路選択の際に、その人の障がいの特徴の発見・評価、そして一方で本人の障がい受容のレベルを高めるところから始まる。さらに、それを本人あるいは家族はじめ関係者が理解し受け入れていくことを目標に、練習が行われる。できること・不得手なこと・できないこと、避けることなどへの体験的な学習を行うことになる。

しかし、これをその人および家族や関係者が、それぞれに経験的に習得できないと、地域社会復帰の可能性やその可能性の幅（たとえば就職先、居住先）は狭まってしまう。場合によっては、目標設定と目標到達しないまま自立訓練自体が終了してしまう場合もあるという。

さらに別の人たち — 日常生活においてさまざまに人手による支援、介護と誘導が必要となる人の場合に、生活の場が限られていくギャップも看過できない。

とくに、障がい者支援の場合には、今日の日本では生活介護事業あるいは日中活動支援、あるいは行動援護ないしホームヘルプ等を利用し、夕刻と夜間は家族の支援を受けながら重度障がい者が地域社会で生活できるようになってきた。ところが、家族支援を日常的に受けることができない（できなくなった）人はグループホームに居住するか施設入所支援を利用するのだが、問題は、変化する可能性をもって生きるのに、自ら希望を表明できない、あるいは不安や混乱を生じてしまう…などの場合に、選択の幅が限られてしまうおそれが高い。

むしろ、どの住まいでも資源不足があって、可能性を求めて「練習する」機会が制約されてしまっていると懸念する従事者の声のあるのを無視できない。

いくつかの例を示してきたが、社会福祉事業に従事する私たちとしては、やはり、人がより良く変化する可能性を求め、トライアルを重ねたいものである。

これらギャップは、どのように克服するとよいのだろうか。

ここで、ひとつの手助けとなるのは、「リハビリテーション」の基礎的な理解を支援や判断、計画のなかに反映させていくことである。あるいは、リハビリテーションへの理解や認識をもって対応していくと有益である。

リハビリテーションを医療の範ちゅうの技術にとどめず、リハビリテーションは、障がいのある人の全人間的復権、すなわち、障がい（生活機能低下）のために人間らしく生きることが困難になった人の、「人間らしく生きる権利の回復」を目的とすると提唱された上田敏（さとし）東京大学元教授は、二〇一一年（平成二十三年）に開催された第三十四回リハビリテーション研究大会で次のように説かれている。すこし長文引用となるが、ご寛恕ください。

・「リハビリテーション」についての共通認識を

リハビリテーションとは機能回復訓練と思われていることが非常に多いが、そうではない。リハビリテーションの本来の意味は、「権利・名誉・尊厳の回復」である。

語源的には、リは「再び」、ハビリスとは「人間にふさわしい」、「人間に適した」であり、リハビリテーションとは「再び人間にふさわしい状態にすること」である。

歴史的には、ヨーロッパの中世には、「身分・地位の回復」「破門の取り消し」の意味で使われた。近代に入ると、さらに「名誉回復」「権利の回復（復権）」「無実の罪の取り消し」などの意味が加わった。現代に入ると、教育刑思想に立った「犯罪者の社会復帰」、いったん失脚した政治家の「政界復帰」などの意味が加わった。

さらに、人間以外についても使われ、災害後の「復興」、また「都市の再開発」などの意味で使われて

いる。まさに広い意味の一般用語であり、決して医学用語ではない（以下、一部省略）

・障がいのある人の「全人間的復権」

筆者注　出典文書では「障害」と記されているが、本書では障がいと記させていただきます。以下、同じ

今、我々が携わっている、障がいのある人のリハビリテーションが始まってからは一〇〇年に満たない。一九一七年、第一次世界大戦中のアメリカの陸軍病院に「身体再建及びリハビリテーション部門」が開設されたのが最初であるが、この場合でも、身体再建（訓練）は手段を意味し、リハビリテーションは社会復帰、職業復帰という目的を表していた。ここでもリハビリテーションイコール訓練では決してなかったのである。

こういう長い歴史を踏まえて考えると、リハビリテーションとは障害のある人の「全人間的復権」、すなわち、障がい（生活機能低下）のために人間らしく生きることが困難となった人の、「人間らしく生きる権利の回復」である。（以下、一部省略）

・全人間的復権を実現する総合リハビリテーション

このような真のリハビリテーションは、医学、教育、その他の個別分野だけで実現できるものではなく、また、専門家だけで達成できるものでもない。やはり当事者を中心とした多くの分野・多くの職種の総合的・持続的な協力と連携で初めて実現できるものであり、それを「総合リハビリテーション」と呼んでいるのである。（以下、一部省略）

・当事者の自己決定と専門家の役割

いま障がい当事者の自己決定が非常に強調されてきている。しかし専門家の一部には、それをどう受けとめたらいいかについて戸惑いがあると思われる。つまり、「『専門家が何でも決めていたのがいけない』というのはわかる。」しかし、「それなら今度は、当事者が何でも決めるのか？」「では、専門家の役割は？」という戸惑いである。これはかなり多くの方が感じておられる戸惑いではないであろうか。

しかしこのような二者択一の考え方は間違いである。当事者自身も決してそういうことを望んではいないと思われる。

大事なのは、「最終決定はあくまで当事者が行うものである。当事者の権利でもあり、責任でもある。ただし、決定にいたる過程で『当事者の最良の利益』が実現できるよう、適切な助言・支援をするのが専門家の役割であり、責任である」ということである。専門家は、それができるよう、研鑽（けんさん・知識や技術をきわめるため努力する）が必要なのである。

さらに、リハビリテーションは一種の学習過程であり、さまざまな問題解決のための能力を向上させるという、非常に大きな特色をもっている。それは歩行能力などの基礎的な能力にはじまって、職業その他の社会的な役割を果たすためのさまざまな能力にまで及ぶ。そういうものの積み重ねの中で、新しい問題が出てきた時に、工夫して、自分の力で問題を解決する能力も養われる。（以下、一部省略）

障がいのある人と専門家との関係でいえば、専門家は当事者の自己決定権を絶対的に尊重すると同時に、自己決定能力が高まるように支援することが非常に重要である。

これは当事者の自己決定能力が低いからではない。当事者は、障がいをもつことによって、普通の人が経験しないで済むような特別の困難に直面しているからである。当事者は、普通の人が必要とする自己決定能力よりも、より高い（あるいは、より特別な範囲の）自己決定能力を必要としているのである。

すなわち、専門職による配慮と支援を具体化しようと提案されている――

リハビリテーションの過程におけるインフォームド・コオペレーション（情報共有に立った持続的な協力）の中核的なことは、「実現可能な複数の選択肢を専門家の責任で提出して、それを本人が選ぶ」ことである。このような持続的な協力それ自体が、当事者の問題解決能力、自己決定能力を高めることに役立つ。

上田元教授が説かれた内容は、わかりやすい。つまり、障がいのある人の能力を回復可能とするように、専門職として連携しあい利用者の立場に立った支援の実施をいっそう深いところで求めておられると拝する。たとえば、「自己決定能力を高める」支援の実施である。

しかも、次のように締めくくられている。

本当にそのような支援ができるように、自分たちの能力・技能を高めていくということが専門家にとっての非常に大きな課題である。この点で、総合リハビリテーション専門家の責任は非常に重い。しかし、これが成果を挙げた時の、やりがいも非常に大きいのである

ここで述べられた、障がいのある人にとってわかりやすい「持続的な協力」、すなわち、利用者にとっては継続的に、利用者なりに選択可能な提案をし続ける専門職の活動は、筆者は本来的に社会福祉事業の従事

者に特有の配慮でもあると考えている。とくに、ケアマネジメント従事者あるいはサービス事業所サービス管理責任者の個別支援計画等作成に要求されている次の原理あるいは条件でもある。

・本人が主体的に課題に向き合えるように支援する

・問題は問題として客観的に把握するが、活動し行動する際の課題設定は利用者の能力に応じた合意を前提とする、課題設定を利用者がわかりやすいものとする

・主体性が発揮しやすい環境づくりへの支援　および

・当事者のエンパワメントにつながるように　課題解決まで支援を継続する

問題となるのは、支援主体者のこうした態度に「すじがね（筋金）」が入っているかどうかである。そして、支援主体者が所属するサービス事業所に、そうした努力を講じ重ねる、あるいは育て支える環境が準備されているかどうかである。

そうでなければ、第二部第二章で紹介したカラオケを可能にし、父親として娘の花嫁姿を祝福したTさん事例はない。パソコンを操作するようになった源さん事例もしかりである。また、チームをつくり夕鶴公演を成功させたグループ活動もない。

利用者支援に筋金を入れる、上田元教授の言われる「自分たちの能力・技能を高めていく」ことは、決してむずかしくはない。しかし、きちんとした着眼点を堅持して、努力あるいは精進を継続し確保することが必要である。その事業所だからこそ、

・利用者の可能性を発見し、利用者と共有する

・可能性の実現のために取り組み続ける専門職連携を成功させる
・利用者の理解と自己決定レベルに配慮して支援を継続する　ことができるのである―
さて、この専門職の「高み」にいたるために、支援主体者として、社会福祉事業従事者として、どのように成長したらよいのだろうか。

筆者は次のように考える。

ひとつめの着眼点は、利用者に接し働こうとする、その出発点に戻って反省してみることである。わたしたちは、わたし（たち）の仕事を手のひら・たなごころ「掌」と昔はいったが…にのせて、公平公正に考えてみると、利用者のペースを尊重し、利用者の個性の発揮と発現に期待して事業に従事した、あるいは仕事を継続するところに魅力を感じてきたのではないだろうか。それが…自分（たち）のペースで、たとえば利用者を移動介助誘導し、利用者の自己決定の幅をせばめていないだろうか。利用者が自由にもの思いする機会の提供を減らしてはいないか…等への謙虚な自己点検をすることである。

タイミングの問題だけで、利用者の自己決定能力の発揮あるいは成長の芽をつみとる可能性のあるのが、われわれの職場である。逆もまた然り（しかり）である。

ひとりだけではない、事業に従事する同僚たちが、自他ともに、仕事への勘違い姿勢をみつけ、正す努力が絶えず肝要である。また、人の仕事っぷりに接して、ちょっと待ってと言う気力が必要である。前に述べた施設サービス検討の成果で述べたように、仲間と共に「ふりかえり」あるいは自己点検してみるべきである。

ふたつめの着眼点は、「業務改善」の息吹と値打ちを評価しなおしてほしい。

かつて、筆者らの事業所が指導者によるまったくの勘違いで経営されていた時があり、県庁幹部が、大学で勤めていた筆者に法人事業所に復帰するつもりはないかと助言してきたことがある。これをともあれ了解し、経営の改善に着手し、それは約五年で可能となったが、あわせて、職員による利用者支援の見直しが組織的に行われ、大きな成果を生み出した。これなしに、経営の改善は完了しなかったと思う。

具体的には、主任者や専門職が自発的に提案し、所属グループごとに意見交換を重ね、概ね一〇を超すチームから「業務改善すべきこと、したいこと」が提案され、リーダー会と職員会議での合意承認、そして施設長決裁でほとんどを二年がかりで改善した経験がある。当然、いまだ（未だ）し…今は改善できないと判断された「大物」もあり、将来にあずけた改善もあった。

主任者がリーダーシップを発揮し、成功させた業務改善である。トップダウンではなく、働く人の思いや提案をいくつも吸収し実現できた貴重な体験であった。

三つ目の着眼点は、個人ではやり通せない、やはりチームに、グループに働きかけて成功させようということである。

社会福祉事業によくある事例は、ひとりの職員が利用者に接して力になりたいと志したものの、チームや上司の共感や具体的な協力が得にくいことを理由に、「ひとりで仕事していたなら…」というため息をつく場合がある。信頼と連携の難しさである。この難しさから離職する人は少なくないと考えられる。

しかし、筆者の友人である、とある街道筋の蕎麦屋（そばや）の女将（おかみ）が五～七人のスタッフの動きをリード（統率）しにくいと感じた時に、ため息混じりに同じ言葉を言っていたのを聞いて、筆者は、はたと考えた。

「改善はあきらめたらアカン」。女将としては、よい仕事をスタッフの力を借りて店いちがんとなってやっていこう—もとより決めて取り組んだ仕事の仕方である。

「もう一度。取り組んでみよう」との意気込みしかない。その意気地（いくじ）が実ったのを数週間後にこの女性とお店の雰囲気から感じた次第である。知恵と行動により、チームワークは刷新され、グレードアップできる。あきらめてはならない。

終章　めざすもの

――希望もち生きる強さを生活に

ここで、社会福祉事業を拡充する価値、そして社会福祉事業に従事することで得られる価値について、アピールしておきたい。

というのは、この第三部、ここまでで、社会福祉事業に従事する限りは、利用者の立場に立って…現状をふり返り、改善を計画し…と述べてくると、本書を手にされている人のうちで社会福祉事業に従事していない、社会福祉事業に接してくださっている方にプラスするものがない、話題に参画できないバリアをつくってしまっているからである。

もうひとつは、従事する人の努力や緊張感を日々知って、支え励ましてくださっている家族や友人・知人の方たちに、最終章で、筆者は感謝の気持ちを伝えたいと思ってきたからである。

従事者は日々利用者に接し、従事者同士の連携を心がけている。ある意味、絶え間なく、神経を張りめぐらし、人によかれと思うこと、思われることに取組んでいる。結果オーライの時もあれば、思わぬ失敗に巻き込まれることもある、しかもそれを避けたいと考え仕事している。あるいは他者の神経戦の渦中に投げ出される時もある…。

それゆえ、心身ともに疲れるとき、つらく感じるとき、あるいは孤独と孤立を感じる時も体験している。そういう時は、現実のダイナミズムのなかに（現場に）スタンス（立ち位置・心づもり）を換えてもどっていけば、回復することが多い。「すみませんでした」「実はね…」「これからは、よろしく」「無事でなにより」。取り組み直せばよい。しかし、問題は、その時に本人の心身がリフレッシュしているかどうかである。日々のリフレッシュのために、家族や身近な友人、あるいは同僚からの声かけ、日常的な意思疎通、笑顔の交流が大変重要であり、かけがえがないと筆者は考えている。

そういう従事者に関係されている人たちにも、社会福祉事業に従事することで人生がプラスになる、そういう側面からの話題をお届けしたいのである。

と共に、この仕事に就いて二〜三年の人にも、社会福祉事業に従事することで得られるプラス面への共感と理解を得ておきたいとの思いがある。

筆者の不勉強から、言葉足らずになったり、いたらない表現やプレゼンとなるのをおそれるが、右に記した背景あるいは率直な思いに沿って、いま三つの事柄に分けてお伝えしたい。

㈠ 社会福祉事業に従事する人がしっかり生きる　幸せになる

古い話で恐縮だが、昭和四十六年というと一九七一年。いまから五十年余り前に、大学の授業に実務者の先輩が来られてスピーチされる機会があった。ある児童養護施設の指導員の方が、社会福祉の仕事をしていたら一人前の給与を手にすることができないんです、結婚した妻と二人が働いても足りないんです、子どもをもつことも…と真実、ギリギリ発言されていたのを筆者は覚えている。

この翌々年に総理大臣が、皆年金制度の枠組みを拡充し年金水準を引き上げ、老人医療費自己負担の無料化をはじめ新施策を展開するので、日本はいよいよ福祉国家として制度改革していく、そのために昭和四十七年を「福祉元年」と名づけると表明した。しかし、筆者はそれまでの高度経済成長の陰で、生活に困っている多くの人たちの不満や要望が「福祉」従事者にとっても蓄積されてきているのにと、晴れない気持ちで受けとめた経緯がある。

しかも、第四次中東戦争を機に石油供給が世界中でとどこおるという事態から現出した「オイルショック」が四十八年に始まり、日本もこの影響をまともに受け経済や流通が大混乱し、福祉二年なるものが日本の国のだれの認識にもメモられなかった経緯がある。

しかし、国が社会福祉事業従事者の給料を公務員の俸給表に準じた仕組みをつくり年々昇給するように、民間社会福祉事業を運営する社会福祉法人に対し行政指導を始め、そのためいくぶんの国と都道府県を合わせた福祉の支弁費用に上乗せを図るようになったのが、この福祉元年以降であった。昭和四十七年度以降の「民間施設給与等改善費」がこれである。

そういえば、民間社会福祉施設従事者に対し、今日においても類（たぐい）まれな国庫金を活用した退職共済制度「社会福祉施設職員等退職手当共済制度」が法制度で創設されたのは昭和三十六年であった。その前年の厚生白書は「福祉国家への道」とタイトルされ、国をあげて福祉を拡充する、その計画を立てていくえる。

必要を説いている。三十六年と四十七年の二つの措置は、ともあれ従事者の待遇改善の役に立ってきたといえる。

ここには、解説が必要だ。

これら国の措置は、偶然ではなく、意図的に民間社会福祉事業に従事する人の不平と不満を抑える効果をもつよう、施策に反映された。

このころは、社会福祉施策は「福祉国家へ」と呼ばれるように、本当は国が実施すべきところのものであるとされ、しかし、従事者雇用は公立で運営できる事業（量）はほんの一部であるのだから、大半は民間社会福祉事業に委ねるとされていた。その民間事業所で従事者が労働運動を行い、このままでは生活できないという発議が全国的に展開されるようになってきた。また、民間だけでなく、公立事業所でもたとえば腰痛対策をはじめとした待遇改善要求が山積しだした。それを厚生省（いまの厚生労働省）が受けて、当時「すずめの涙」といわれた賃金対策を「ようやく」この時点で行い始めたのである。

社会福祉事業を学び始めた筆者は、当時「貧困対策など社会問題に対応する社会福祉事業の内側で労働争議という社会問題が連続してしまったら、ダブルパンチ・国の立場はないわな」と受けとめていた。五十年も昔の話で恐縮である。

今日では、社会福祉事業従事者は、夫婦共働きし、子育て支援を利用してはじめて家庭が支えられる――そういう時代となっている。つまり幾分の改善が果たされてきたが、職場で職員への給与支払い責任を履行している筆者には、福祉国家の制度が整ったように見える分、所得控除されていく社会保険料あるいは所得税・住民税等の控除金額を毎月うらめしく思って決裁にあたっているのも事実である。

国や都道府県では、法定福利費勘定を合わせて公務員給与昇給幅を予算決定しているようにみえるが、さような装置は社会福祉法人には与えられていない。ほそぼそとした昇給システムを運用している。正直、一人ひとりの給与総額と控除金額を月々に決裁しながら…「この金額を控除しなくてよかったら手取り収入でこの人の生活は楽になるのに」…と、心の底からくやしく思いながら、事業所としての控除義務を果たしている。民間社会福祉事業従事者の給与は、決して十分ではない。

示すまでもないと思われるが、筆者たちの経営する社会福祉法人の直近七月の常勤職員給与総支給額は、一人平均約三十三万円である。そこから法定福利費本人分一人平均約四万九千円と所得税・住民税額一人平均約一万六千円を控除すると、給与手取り額は一人当たり約二十六万五千円となる。同伴者がいて働いてくれるという条件の中でしか、夫婦生活は成立しない。シングルでの子育ては、周囲の支援にもよるが、超厳しいのである。

参考までに、当法人の常勤職員は直近データで五十三人、平均年齢四十八歳、当法人勤続年数平均値は九・七年。一般企業でいえば小企業、同系列の社会福祉法人の中では中規模事業所である。

「福祉」に従事し研さんしている筆者が、「福祉国家」の現実にたじろぎ、戸惑ってしまっているのが事実である。福祉国家が体制内に有している、国民の自助・共助としての社会保険料ならびに所得税、県民税、消費税を払うのを渋っているわけでは決してない。

なお、右にいう「民間施設等給与等改善費」は、今日的には別の目的を明文化し、別システム化され「介護・福祉職員等処遇改善費」と名づけられ、障害福祉サービス報酬あるいは介護保険サービス報酬等に加算されている。興味深いのは、医療保険制度では医師はじめ医療従事者の人件費勘定は医療報酬に含まれているとされているのに、介護保険制度と障害福祉サービスの報酬制度のなかではそれが完結されておらず、報酬へ特別的に加算されている中途半端さである。

筆者たちの経営する社会福祉法人では、企業経営者として活躍されている、とある理事が理事会の席上、「福祉従事者の給与が当該サービス報酬では十分に払えていない。払えてこなかった現実がある…それだから法人関係者や法人従事者が問題視し要望し、政治が介入してはじめて、行政が『福祉・介護職員等処遇改善費』として加算するようになった…と、自分たちは見ている。しかし、金額的には決して十分ではないんでしょう」という趣旨の発言をされたことがある。その通りである。詳述は紙幅の関係で避けるが…。

この経済環境のなかで、社会福祉法人経営にあたる筆者は、人助けのため働いて…給与を得て生活する、家族と話し合いながら、生活の糧を分けあっている、そういう同僚職員に、幸せ家庭を築いてほしい、家族が支え合ってほしいと祈り続ける毎日である。

最終章にどうして、このようなことを打ち明けたのかというと、そうしながらなおかつ、一人ひとりの従事者が、「私（たち）は人が好きや、人助けが楽しいんや」と感じつづけている、そして「仕事を楽しく前に進めるぞ」と進んでいることを多くの人に知ってほしいからだ。

また、この社会福祉事業自体を拡充する機運をもう一度活発にしたいからだ。社会では、従事者不足が心配されているけれども。

ここで、従事者の支援事例を紹介したい。ある利用者の半年間の支援経過をふり返ったうえで、お伝えする。

生活支援員のAさんは、次に示すBさん等への生活支援を体験して、社会福祉事業への従事を続けていこうと心に誓ったという。

筆者は、本章冒頭に述べた趣旨から、ひとりの従事者の「仕事の内容」「緊張感」あるいは「使命感」を従事者以外の人に知ってもらうため、簡易に大まかに紹介してみることにした。人物の様子も人物を特定できない範囲で同様に紹介する（物語る）こととした。ご了承ください。

【Bさんを支援するA職員の業務】

(1) 日常の起居動作の見きわめと必要な介助の提供

Bさんは、小児期に脳原性麻痺と百日咳を罹患し、脳炎による体幹機能障害、座位または起立位保持困難という障がいをもたれている、そして、てんかんへの専門医による治療をずっと受けておられる。

日々の出来事

・ベッドリネン類の交換をしようとすると、「枕カバーならできます」と言われたので、一緒に手伝っていただく。暖かくなってきたが、「電気毛布はまだ敷いておきます」と言われたので、もう少し敷いてお

くこととする

・夜間の排尿介助の際に、自分で尿器を受けれるようベッドの足元に尿器を置く台を用意する。昨日は車いすのフットレストの所に置いていたが、「これなら取りやすいです」と喜ばれていた

・午後から機能訓練に参加されている。本人は平行棒を持って歩行する訓練を受けたかったようだが、訓練担当職員から本人が急に歩きだされることがあり転倒されると支えられない可能性があること、そして歩行中にてんかん発作を起こされ転倒しけがをする可能性もあるので、無理をせず座位から手すりをもち立ち上がる、そして立位を保持する訓練にとどめたいと言われているが、あまり納得できないようで歩きたいようであった

・夕食後に再度本人に話をする機会をつくり、支援員としては訓練担当の考えと不安を伝えた。「わかりました」と言われ、いまは立位をとる訓練だけでも頑張っていくとのことであった

(2) てんかん発作の状態観察と事後対応

生活支援員の職務でてんかん発作の既往をチェックする仕事は欠かせないし、その様子を観察しながら無事を確保する必要がある。重篤な発作であれば、看護師との連携で医師の診察に送り出さなければならない。小発作のため、そんな心配が生じなければ、看護師と他職員への連絡と記録をのこし次の業務を行う。

この「発作」は次のように生じている。

・**ある年のある月**　てんかん発作の記録のあった日数　十七日／月

・ある日の出来事　起床後、トイレへと来られ排泄介助を行う。排泄後、車いすへ座わられた途端に声を発される発作を確認する。二十秒ほどで落ち着き、呼名反応あるも口内より出血しているのを発見する。口内を確認するが、舌を噛まれた様子でもなく、おそらく歯を食いしばったことによる歯茎からの出血ではないかと思われた。出血部位は確認できず、本人に問うが、とくに違和感、気持ち悪いところはないとの事。また、対応中の五分間にも「うーん」と顔が強張り声を出される軽度の発作が断続的に起こっており、本人同意の後にダイアップ座薬（発作用頓服）を挿肛し、しばらくベッドに休んでいただく。その旨、看護師に連絡する。

・別の日　本日一時間ほどの間に三度発作が起きている…（以下略）

(3) 日常生活・過ごしへの介助

日々の出来事

・三月中旬のこと　作業所の給料の入金と兄から入金を受けた確認の署名をいただく。とてもていねいに一字一字を書かれ、綺麗に書こうとされていることが伝わった。その後、管理栄養士からの食事アンケートの質問を問い、一緒に答えを記入した。食事への不満はもっておられないようであった。しかし、歯があまりないため、かたいものは刻んでほしいと話される。お寿司が好きなようで、誕生会にほしいメニューに寿司の種類をたくさんあげられた。その際の表情はとても生き生きされていた。

⑷ 日々活動への送り出し

Bさんはこの年で〇年間、C作業所へ通われている。それ以前にD作業所へは二十〇年通われ続けた。はじめは自宅から、この一年前から入所施設から。

最初は障がいのある人に特化した作業現場で自立して就労に励んでこられたが、今では「生活介護事業」と呼ばれ制度化されている、必要となる介助と配慮を受けながら就労体験を継続する支援を受けられている。

日々の出来事

・食事のテーブルが同じDさんが作業所のイベントに行かれるので朝食を先にとられ、Bさんも私もきょうは行くのやと言われ、先に食べ始めておられた。今回のイベントは本人は行かないと言われていたので参加されないことになっており、来月のことと勘違いされていたようだった。これからは毎日、担当職員が作業所に行く日かそうでないのか──声かけますと言うと「すみません」と言われていた、五月中旬のある日。

・作業所ではどのようなことをしているのかをお聞きした。「布を伸ばしています。切る人もいます」と教えてくださった。作業所は楽しいか聞くと、「楽しいですよ。ここも楽しい」と話された

・作業所より戻ってこられ「きょうは発作がなかったし良かったわ」と話されていた。作業所に家族が来られ、その時にお菓子を持ってきたとのことで、どこに置いておこうと相談されてきた。

(5) 暮らし向きへの協力や助言

・他の人が散髪されているのを見て「私もしたいんやけど」と言われる。先月にされたばかりではないかと言うも「伸びてきたから」と保護用帽子を脱いで見せてくださった。次の散髪日が水曜日で、作業所が休みの時だったので申し込みをした。

・二十時過ぎに同室者の就寝介助を終え、いつも通り全消灯して退室する。その直後、コールがあり訪室する。「すこし明るうしてください。Eさん、きのう、ダウンライトを点けておいてほしい言うてはったねん」と、昨夜の同室者Eさんの訴えを覚えておられ、気遣っておられた。

A職員へは、当書籍を発刊する趣旨、そして本章のここまでの草稿を一読していただき、次のような所感を書いていただいた。匿名にする約束でここに発表させていただきます。

【Bさんへの支援を経験して　A職員の手記】

生活支援の仕事に就いて十年目のころ、Bさんの施設生活スタート時から担当をしました。このころのBさんは毎日作業所へ通われ、休みの日は当施設の機能訓練に参加されるなど積極的に活動されていました。また、身の回りのことは時間がかかりますが、自分でなんでもしようとする人でした。

しかし、Bさんはてんかん発作をもっておられ、それが一日に何回もあったので、ベッドや車いす、トイレへの移乗はひとりでしないように、職員に声かけてから見守りを受けてするように協力を依頼していました。それだけでも、Aさんにとっては、自分のペースでできないのかとの不満の原因となります。それに加え、機能訓練は、坐位から起立の繰り返しと起立位保持にとどめられてしまいました。歩けるのだから…「歩く練習がしたい」という思いは実現することができず、ストレスを抱えておられました。訓練担当者の心配はよくわかります。マンツーマンのリハビリ支援ができたらよいのかもしれませんが…。それでも、実際に機能訓練の場で息をのむほどのてんかん発作も経験されていました。

わたしたちの思いや考えとは別に、Bさんにはくやしさが残ります。私は何度も話し合いました。お聞きしました。

私はこのころ、出産をひかえていたこともあり、利用者への身体的な介助はあまりできませんでしたが、出勤日にはBさんの部屋に行き、話を聞くようにしました。話を聞くことで、困っていることは何か、解決できることはできるようにして。ストレスが少しでもなくなるよう心がけました。

Bさんは施設での生活を始められて一年と間もなかったこともあり、担当の私が産休に入り担当替えもあるということをとても心配されていました。次の担当職員はベテランでもあるので、Bさんのことはしっかり連携しておくので、思っていることや悩みをため込まずに話してほしいと言うと、「私はひとりになってしまうのかと思ったわ。良かったです」と安心していただくことができたのはなによりでした。

Bさんは手先が器用だったこともあり、よく部屋で折り鶴を折っておられました。人とかかわるのはあまり好きではないようで、一人で過ごされていることが多かったので、Bさんの特技が活かせるように手芸部への参加を勧めてみました。他の利用者と自分から仲良くされるタイプの方ではなかったのですが、手芸部の担当職員を介して、他の利用者とも自然に会話して楽しそうな様子が見られました。嬉しかったです。正直、ホッとしました。

そのBさんの部屋に、私が産前休暇に入る前の日にあいさつに行くと、手芸部でつくった毛糸のコースターをプレゼントしてくださいました。突然のことでびっくりしました。

Bさんが私に内緒でつくり手渡したいと言って頑張ってつくっておられたと、そのあと、手芸部の担当職員から聞いて、とても嬉しく思いました。「また戻ってきたら、私の担当をしてや」とも言ってもらいました。これほど親身に思ってもらえて、感謝の言葉さえ受けたことに、この仕事を復帰後も続けていきたいなと心から思えた出来事でした。

障がい者支援施設には、さまざまな障がいをかかえておられる利用者さんがおられます。障がいや病気を理解し、ゆっくりと話を聞くこと、思いやりの態度で接すること、そして何より、この仕事・利用者さんが好きだと思えることが大事だと思います。

私もこの仕事をして二十年目が経ちましたが、ここの仕事、利用者さんが好きです。

(二) この仕事は人の役に立つ、人を大事にする　よい仕事だ

しかし　ひとりではできない　仲間といっしょに、連携する仕事である

明るい毎日の生活と明るく仲よしの職場をつくりたい

この三行のタイトルは、筆者自身が心からそう思い、自負し、日々に取り組んできたつもりでいるが、こんにちの社会で具体化するのは本当にむずかしい。一項目ずつ、超えていかねばならない課題をもつ。そし

て、人がそのトライアルを踏みはずすのを見聞きし、事業運営のなかで厳しい思いも経験してきた。当然、同僚、仲間との協同が功を奏し、嬉しい思いも積み重ねてきている。

しかし、社会福祉事業に従事するメリットは人の役に立つことにある。地域社会に社会福祉事業を拡充する意義も人を大切にする地域風土への貢献、ここにあると考えられる。

人の尊厳を支援する仕事

社会福祉事業従事者に対して、利用者の意向や意思の尊重をどのくらい、どのようにして行っているかということがよく問われる。しかし、生きて今日ある人、さまざまな経験をし、困難を体験し、こえてきた人、あるいはこれから（も）こえていかれる利用者に対面する従事者として、謙虚にその人の様子に寄り添う接遇こそが肝要であり、それがあれば、日々に意向や意思をお聞きし、あるいは意向や意思を肌とかフィーリングで感じもし、何はともあれ尊重の言動や態度を具体化するものと、筆者は考えているし、体感し、実践してきた。

いかがであろう。

たしかに、筆者をはじめ、ほとんどの従事者が、どこかで何かに失敗し、フォローがきかなかった経験をもつのかもしれないと考えられる。初めのうちは特に試行錯誤がつきものであるし、失敗経験への反省の上で爾後の「伸びしろ」が確保されてくる。

たとえば、従事して一年目の人に「仕事に慣れてこられましたね」と言うと、ほとんどの人が「いいえ、まだまだです」と言われる。それもそうだ、手順通りに仕事する…で、精一杯なのだから。二年を過ぎると、自信もって仕事しておられる姿に接する―「いかがですか」この時の答えがその新人の今後を決する。

支援業務に慣れてきた実感はよいが「まだまだです」。筆者は「そうですね」と答えるようにしている。それは、利用者一人ひとりの様子に接する際の受けとめ・力強さ・柔軟さに欠けていることへの自覚がほとんどの新人におありだからである。利用者の個性、好き嫌い、ものの言い方考え方、おだやかな時とそうでない時…（だって、人間だもの）。その利用者の個性を把握し、対応が重なるようになって、初めて利用者に接する際の柔軟さ（話してみようかなと思わせる）力強さ（頼りになると相手に思わせるもの）が養われてくると考えられる。だから、社会福祉事業の仕事は五年・七年してホンモノになる。ホンモノがスタートする。

反対に、従事して二年目の人がかりに「はい、慣れました」と答えるとしたら、成長意欲は止まってしまっているか、職場が個別支援に臨む利用者とのつながり方を教えていないかである。

そうしながら、繰り返すが、謙虚に支援を必要とする人やその人の生活環境、仕事の環境などに向き合い続けることで、大事な専門的素養が育っていくものと思われる。

積極的に考えると　専門職として年数を増してくると―

・人の役に立つ姿勢や方法、そしてその繰り返しやふりかえりに自信をもてるようになる
・支援した相手の人の思いや言動への受けとめ経験が積み重なり、人間理解の幅が広がり、理解も深まる
・仲間づくりや同僚への声かけ、同僚の気持ちの受けとめが謙虚な気持ちで行えるようになる

・ものごとを明るく語り、真剣かつ実直に受けとめるフィーリングやセンスがみがけてくる。筆者は「感性を研ぎ澄ます（とぎすます　みがきぬくこと）」経験を意欲的に積むと称している

しかしである。そういえば…気になっていたことがある。右でいう筆者の自負心の真逆（まぎゃく）を目にした時の驚きである。

「市区町村等職員が判断した障がい者虐待の発生原因や状況」

令和六年度厚生労働省発表による四年度調査結果

教育・知識・介護技術等に関する問題	七三・六パーセント
職員のストレスや感情コントロールの問題	五七・二パーセント
倫理観や理念の欠如	五八・一パーセント
虐待を助長する組織風土や職員の関係性の悪さ	三一・八パーセント
人員不足や人員配置の問題及び関連する多忙さ	三一・四パーセント

どうすればよいのか…と考えたくなるが、虐待を起こさないためにも!!　たとえば、右でいう職業人としての思いや自負心に沿った配慮を職場風土としてチームの雰囲気として、互いにつちかっていくことが当然として行われなければならない。そこは自分たちの職場としての思いや方向性を選択し、合意し、仲良く乗りこえていきたいものである。

(三) 専門職連携を深めチームで活躍する

生活する主体者の立場に立ち、観察し意思疎通し、様子を把握することが、社会福祉事業従事者の専門性の出発となる。幸い、今日の社会福祉事業では、この原則を障がい者・児福祉のケアマネジメント従事者研修においても、介護保険ケアマネジャー研修においても正面から伝えてくれている。この原則のままに専門職連携チームに加わるからこそ、たとえば医師、療法士、行政職員、あるいは法定後見人なども「聞く耳」を社会福祉事業従事者に向け、質疑し、意見を参考にする。そうすることで、利用者本人の代理や代弁もすることができるようになる。当然、技量や情報量、そして経験が問われるけれども。

幸い、筆者が活動してきた福祉圏域というのは、医療と福祉、介護保険事業所あるいは保育子育て事業所などが連携し、利用者に関係する範囲の専門職が利用者本人あるいは行政担当者も含め利用者児支援のため寄り合う「支援会議」を開催する習慣が定着している。プライバシーの擁護などは当然として配慮しながら。

この専門職連携をめぐっては、筆者は逸話をもっている。それは、ある市立病院に通入院しているとき、その病棟と外来診療科では患者の容態に接した記録を絶えず電子カルテに言語化して収める習慣がそなわっていた。習慣は徹底していて、たとえば看護師が病室を訪ねて患者に質問するチェックポイントが共通して保持され、看護師自身もPCモバイルをキャスター付き簡易テーブルに載せて移動し、患者に失礼にならないようにしながら絶えず記録するようにしていた。この情報を医師や関連技術者も共用していて、明らかに看護師書き込み情報から知ったであろう個人的な情報を医師が口にしたのを聞いて…妙に得心し、必要と考えられる情報が共有されているのを感じた。あるいは、訪室の際に何人もの看護師から繰り返される同義同音の質問に「困ります」と伝えたら、次から誰からもその問いかけをされなくなったときは、笑ってしまった。

「医療チームとして患者を診る」という方針が、かなり具体的に手順化されている病棟であり外来診療であることを力強く感じた。患者を担当する医師も看護師も技術者もその一員である—そのことへの信頼感は強かったし、それをして治療を成功させていただいたと、今でも思っている。

必要な要素・手段・道具そして手順をそろえて、関係者が目標と方法などを共有し臨む専門職連携を実施する値打ちをいっそう示してまいりたいものである。困難や障がいを超えていきながら。

◎人とつながりながら

自分の世界に自分を押し込めない、またひとつの小グループにとどまらない

つきあいの幅を無理ないところで広げよう

自立と依存　相互依存はある、しかし

わたし（たち）の職場を大切にして　目的の見失いを避ける

今を維持したいはない、ずっと成長しないと　職場は停滞する

社会福祉事業は、個人を尊び、個人や組織の可能性をみつけ、可能性を伸ばす仕事である。

その仕事に従事する限りは、必要となる留意事項にひとつでも気づき、チェックして歩み続けてほしいというのが筆者からの率直な提案である。

日々、社会福祉事業に従事しながら、「私（たち）の仕事を良いものにしたい」という人が増えたらよいのになと、思っている。実は、これは、相互に自立支援する、人のつながりから生まれる。たとえば、同僚からの助言や提案を受けて、そのまま返答せずにいるとしたら、失礼であり、成長しない。簡単なことはきちんと励行し、難しいことは再度話し合えばよいのである。

意思疎通を失えば損する。損をしていることに気づいてほしい人がいる

現状維持型は人との連なりにミゾ（溝）をつくってしまう

人とつながっていることを実感し、その尊さや喜びを活動力にしてほしい

そう呼びかけて、本書の執筆を終えることとする。

参考・引用文献（本書登場順・章を重ねる場合は再掲とする）

〈第一部〉

序　章

・前田秀導「わが人生の思い出」、『青少年へ贈る言葉　わが人生論　滋賀編（中）』文教図書出版、平成元年刊所収、一六〇～一六二頁
・千賀眞順編『佛教専門学校三十年史』第十一章「現在の学則、教職員」一〇二～一二二頁
・『県立水口高等学校八十年記念誌』、昭和六十三年記念誌編集委員会発行、二七～三四頁
・「救護法の制定を促進して―原泰一氏に聞く」吉田久一・一番ケ瀬康子編『昭和社会事業史への証言』一九八二年ドメス出版刊所収、四三～七〇頁
・渡邊かおり「戦前の社会事業における研究活動」愛知県立大学教育福祉学部論集第六八号令和元年刊所収、六七～七三頁
・大久保満彦「方面事業に於ける技術の問題」、『社会事業』第十九巻第十号所収
・小笠原慶彰「『地方社会事業職員制』の検討―昭和戦前期社会事業行政職員の実情―」『社会福祉学』第六十巻第四号所収、令和二年刊、一～十二頁
・『全国社会福祉協議会百年史』平成二十二年刊所収六十七頁

・『京都市児童福祉百年史』京都市平成二年刊、第二部第一章所収（近藤孝一著述）
・「方面事業」中央社会事業協会『日本社会事業年鑑』(昭和十八年版)より抜粋された該当箇所を『日本社会保障前史資料第五巻』所収、一二〇二～一二〇六頁
・『土山町史』編纂委員会、昭和三十六年刊所収、「医療施設」五七七～五八〇頁

第一章

・大久保満彦「社会事業史上の澁澤榮一翁（一）―日本社会事業の先駆者を語る第二篇―」、東京市養育院刊『救護事業』第三七年第四二一号（昭和十二年七月号）所収、四四～六一頁
・大久保満彦「社会事業史上に於ける澁澤榮一翁（承前・つづき、後編の意味）」、東京市養育院刊『救護事業』第三七年第四二三号（昭和十二年十一月号）所収、五〇～六六頁
・「院報四一四号」東京市養育院、昭和十一年一月三十一日
・『養育院六十年史』一二六～一二七頁（前掲大久保論文が引用）
・白石喜太郎『澁澤榮一翁』昭和八年版二六一頁（同右引用）
・渋沢栄一『回顧五十年』大正十一年刊（同右引用）
・『青淵回顧録』渋沢栄一述・小貫修一郎編集（同右引用）
・田中太郎論稿タイトル不詳『救護事業』昭和四年一月号（同右引用）
・『東京都健康長寿医療センターの歴史』東京都健康長寿医療センター編、令和六年刊、十三～十四頁、二十二頁
・「中央慈善協会の発会と其の伸展」『日本社会保障前史　資料第五巻Ⅲ社会事業』所収九六六～九六八頁

・「中央慈善協会設立趣意書」及び「渋沢栄一　開会の辞」右記『資料第五巻Ⅲ社会事業』所収九四九～九五三頁
・中央社会事業協会「建議書」右記『資料第五巻Ⅲ社会事業』所収十三頁
・内閣総理大臣若槻禮次郎氏の昭和六年十二月十二日日比谷公会堂での追悼講演会における演説　右記大久保論文「社会事業史上の澁澤榮一翁(二)」四五頁引用文

〈第二部〉

第二章

・開園十周年記念誌『明日を希望して』社会福祉法人瑠璃光会るりこう園、平成三年刊所収一二一～一四九頁

〈第三部〉

第一章

・「生活の質向上のための施設サービス検討報告書」社会福祉法人全国社会福祉協議会・全国身体障害者施設協議会、平成九年刊、生活向上のための施設サービス検討委員会
・小泉信三「スポーツが与える三つの宝」初出　産経新聞、昭和三七年七月二日掲載記事。今日では、『小泉信三　練習は不可能を可能にす』山内慶太・神吉創二編、慶應義塾大学出版会、平成十六年刊
・山西辰雄「身体障害者療護施設におけるグループワーク事例」、保田井進・硯川眞旬・黒木保博編著『福祉グループワークの理論と実際』、平成十一年刊、一八七～一九五頁

・記念講演2・上田敏「総合リハビリテーションの新生―当事者中心の『全人間的復権』をめざして」DINF精神保健福祉研究情報システムにて情報提供されている、平成二三年九月三十日開催第三四回総合リハビリテーション研究大会記録

山　西　辰　雄（やまにし　たつお）

1952（昭和 27）年２月　京都市中京区生まれ、滋賀県甲賀市土山町在住
明治学院大学社会学部社会福祉学科卒業、佛教大学大学院社会学研究科社会福祉学専攻修士課程修了
80 年（昭和 55 年）社会福祉法人瑠璃光会るりこう園開設準備参画
81 年～ 2003 年（平成 15 年）同法人に勤務
入所施設るりこう園主任生活指導員を経て同施設次長、副園長、法人事務局長、福祉ホームサンライズ野上野副施設長、甲賀郡地域生活支援センターあかつき事務局長、るりこう園居宅介護事業所事務局長など歴任
03 年～ 15 年（平成 27 年）近畿福祉大学社会福祉学部社会福祉学科教員
（校名は近畿医療福祉大学～神戸医療福祉大学時代に勤務）
教授、社会福祉学科長、実習指導室長を経て社会福祉学部長
15 年～現在に至る　社会福祉法人瑠璃光会に勤務
るりこう園長、相談支援センターろーぶ所長など歴任
現在、法人常務理事、ろーぶ相談支援専門員

おもな論文・著書等
論文「重度障害者福祉と人権の諸問題から見た現代社会における人間観」（1999 年、佛教大学総合研究所紀要別冊）、「社会福祉施設に生活する重度障害者の人権と生活の質向上の現実と課題」（1998 年、同上総合研究所紀要）ラオスの２都市４村における人々の生活・医療・福祉（2010 年、岡山ユネスコ協会）　他
著書『福祉教育を考える』（共著）1993 年、勁草書房、『福祉グループワークの理論と実際』（共著）1999 年、ミネルヴァ書房、『社会福祉要論』（編著）2013 年、川島書店　他

海外調査・視察
1990 年　全国身体障害者施設協議会による海外障害者福祉視察研修に参加（ベルギー、スイス、ドイツ）
1995 年　全国身体障害者施設協議会による海外障害者福祉視察研修に参加（カナダ、アメリカ合衆国）
2007 年　岡山ユネスコ協会によるラオス識字教育視察調査に参加
2010 年　中国上海老人施設への視察調査を主宰実施　（上海社会科学院紹介による）
2011 年　韓国釜山障碍者施設および地域福祉事業視察調査実施（単独・東明大学招聘による）

渋沢栄一に学ぶ 社会福祉事業の源流

2024年12月30日　第1刷発行

著　者　山　西　辰　雄
発行者　中　村　裕　二
発行所　㈲　川　島　書　店

〒165-0026
東京都中野区新井2-16-7
電話 03-3388-5065
（営業）電話・FAX 03-5965-2770

印刷・製本　モリモト印刷株式会社

落丁・乱丁本はお取替いたします　振替・00170-5-34102

*定価はカバーに表示してあります

ISBN978-4-7610-0965-6　C3036